D1755233

**80 Ansichten
eines gestandenen Unternehmers**

Unternehmer Medien

**Unternehmerschriften
Band 2**

Hans Knürr

80 ANSICHTEN EINES GESTANDENEN UNTERNEHMERS

Auffassungen und Anregungen
aus 40 Jahren leidenschaftlichen
Unternehmertums

Zweite Auflage

Unternehmer Medien

Die Deutsche Bibliothek – CIP-Einheitsaufnahme

Hans Knürr:

80 Ansichten eines gestandenen Unternehmers. Auffassungen und Anregungen aus 40 Jahren leidenschaftlichen Unternehmertums - Bonn: Unternehmer Medien, 2007 [Zweite, überarb. Auflage] (Unternehmerschriften; Bd. 2)
ISBN 978-3-937960-01-2
Das Werk einschließlich aller seiner Teile ist urheberrechtlich geschützt. Jede Verwertung ohne Zustimmung des Verlags ist unzulässig. Dies gilt insbesondere für Vervielfältigungen, Übersetzungen, Mikroverfilmungen sowie die Einspeicherung und Verarbeitung in elektronischen Systemen.

© 2007 Unternehmer Medien GmbH [Schlossallee 10 • 53179 Bonn]
Umschlaggestaltung und Satz: Christine Weinschenk, München
Druck und Bindung: medienHaus Plump GmbH, Rheinbreitbach

Im Internet: www.unternehmer-medien.de

INHALT

Vorwort von Hans Knürr 6

1. DIE SPEZIES »UNTERNEHMER«
1.1 Lust an der Selbständigkeit 10
1.2 Glück und Missmanagement 11
1.3 Unternehmer im öffentlichen Ansehen 13
1.4 Umgangsformen im Geschäft - altbacken oder praktisch? 14
1.5 Unternehmenskultur 16
1.6 Freude am Unternehmertum durch Geist und Einsatz 18
1.7 Risikostreuung und Kernkompetenz 19
1.8 Marketing - ein Unwort der Wirtschaft 21
1.9 Überlegter Umgang mit Misserfolg 23
1.10 Der unglückliche Unternehmer 24
1.11 Der Chef, das Sprachenwunder 26
1.12 Die eigene Weiterbildung 28
1.13 Der Unternehmer-»Denktag« 30
1.14 Unternehmerische Freiheit oder »Der Zauberlehrling« 31

2. DIE RAHMENBEDINGUNGEN
2.1 Gewerkschafter - Tarifverträge - Mittelständler 34
2.2 Mittelstand - Eine deutsche Lust und Plage 35
2.3 Patriotismus und Flucht der Unternehmer 37
2.4 Plus 6,5 % - Die Gewerkschaften und die Kaufkraft 39
2.5 Bündnis für Arbeit 40
2.6 Mittelstandsfeindliche Rahmenbedingungen 42
2.7 Steuerreform - Viel Staat braucht viel Steuern 44
2.8 Mittelstand - Der hochgelobte Prügelknabe 45
2.9 Staat und Banken - Die Bremser der Unternehmer 47
2.10 Wo landet der Mittelstand, wenn sich nichts ändert? 49
2.11 Der Bundesminister und der Mittelstand 51
2.12 Subventionen und Wettbewerbsverzerrungen 53
2.13 Tarifverträge, Flächentarifverträge und Betriebsräte 55

2.14 Transparenz durch »Corporate Governance«-Kodex 56
2.15 Wissensaustausch von Universität und Wirtschaft 58
2.16 Der Mittelstand hat eine andere, schlechtere Zukunft 60

3. DER MARKT
3.1 Allianzen und der Mittelstand 62
3.2 Lernen von enttäuschten Kunden 63
3.3 Umgang mit dem Wettbewerb 65
3.4 Qualität in der Not 67
3.5 Der Wert von Marken 68
3.6 Mittelstandstöchter im Ausland 70
3.7 David gegen Goliath: Vorteile Kleiner gegenüber Großen 72
3.8 Der Mut zum wirklich eigenen, eigenwilligen Produkt 73
3.9 Mitbestimmung im Mittelstand 75
3.10 Transparenz und Unternehmertum 76
3.11 Unternehmen durch rezessionsbedingte Krisen führen 78

4. MITARBEITER FINDEN UND FÜHREN
4.1 Die Fähigkeiten des Chefs und die Personalauswahl 80
4.2 Größe des Unternehmens und Qualität der Mitarbeiter 81
4.3 Neu zu besetzende Führungspositionen 83
4.4 Der Traum vom unfehlbaren Management 85
4.5 Personalaufbau - Fehlschüsse gehen ins Geld 86
4.6 (Berufs)-Anfänger im Unternehmen 88
4.7 Wieviel Demokratie verträgt ein Unternehmen? 90
4.8 Wissen und Kreativität der Mitarbeiter zutage fördern 91
4.9 Psychologen in Unternehmen 93
4.10 Gerechte Beurteilung von Mitarbeitern - Eine Utopie 95
4.11 Wert und Witz von Zeugnissen 98
4.12 Einkommen nach Leistung und nicht nach Einheitstarif 99
4.13 Die schlechte Nachricht für das Team 101
4.14 Das Mitwachsen der Mitarbeiter 103
4.15 Die faire Trennung 104
4.16 Frauen in der Metzgerei... und in Führungspositionen 106

4.17 Familie und Freunde im Unternehmen 107
4.18 Duzen im Unternehmen 109
4.19 Soziale Einrichtungen: Bequemlichkeit, Kosten, Ärger 110

5. DIE UNTERNEHMENSFINANZIERUNG
5.1 Banken, Fremdmittel und der Mittelstand 112
5.2 »Private Equity« und Familienunternehmen - Zwei Kulturen? 113
5.3 »Venture Capital« - Das Zaubergeld der Gründerjahre 116
5.4 Einfluss der Imagewerte auf den Unternehmenswert 117
5.5 Tipps und Tricks für das Gespräch mit der Bank 119
5.6 Schreckgespenst Rating 120
5.7 Unterschiedliche Werte des Eigenkapitals 122
5.8 Fug und Unfug von Businessplänen 124

6. DAS TAGESGESCHÄFT
6.1 Gefühl und Geschäft - Sympathieträger im Verkauf 126
6.2 Von Ideen, Spinnern und Halbherzigkeiten 127
6.3 Die Schriftform - Formalismus oder Erleichterung? 129
6.4 Vom Umgang mit der Presse 131
6.5 Sitten und Unsitten im Geschäftsalltag - Überlange Reden 132
6.6 Wert freiwilliger Publikationen wie der Hauszeitschrift 134
6.7 Wenn Unternehmen streiten 136
6.8 Kleinere Einheit, größere Effizienz? 138
6.9 Konferenzitis oder zu wenig miteinander reden 140

7. REGELUNG DER UNTERNEHMERNACHFOLGE
7.1 Rechtzeitig die Nachfolge klären 142
7.2 Einbeziehung von M&A-Beratern im Verkaufsprozess 145
7.3 Auswahlkriterien für einen Nachfolger 148
7.4 Ein Leben nach dem Rückzug aus dem Unternehmen 149

VORWORT VON HANS KNÜRR

LIEBE LESERIN, LIEBER LESER,

Jeder Unternehmer muss sich ständig neu in seinem Umfeld positionieren und ist immer wieder gefordert, sich zu äußern, um in seinem Handeln verstanden zu werden. Es hat mir stets Freude bereitet, und ich habe es als hilfreich empfunden, mich mit mehr zu befassen als mit Gewinn- und Verlustrechungen des Unternehmens. Die Auseinandersetzung mit gesellschaftlichen, kulturellen, menschlichen und natürlich auch mit volkswirtschaftlichen Zusammenhängen war und ist eine stete Herausforderung. Anzahl und Streubreite der Fragen, die ein Unternehmer - auch sich selbst - zu beantworten hat, steigen proportional mit der Unternehmensgröße. Ich habe immer gern geschrieben und bin ein Fan schriftlicher Erklärungen, weil die mündliche Rede oft falsch wiedergegeben oder falsch interpretiert wird. Immer wieder wurde ich angefragt und aufgefordert, meine Meinung in Form von Kommentaren, Aufsätzen oder Streiflichtern auszudrücken, so dass mit der Zeit eine ganze Sammlung von »Ansichten« zusammenkam. Warum sollten sie nicht lesenswerte Anregungen oder Aspekte für andere Unternehmer oder am Unternehmertum interessierte Menschen enthalten? Solche, die eigene Meinungen bestätigen, und solche, die Widerspruch herausfordern.

Alle hier vorgetragenen Auffassungen und Anregungen basieren auf urpersönlichen Erfahrungen und stimulieren sicher andere, vielleicht auch gegensätzliche subjektive Betrachtungen. Genau diese kontroverse Diskussion stelle ich mir als Erfolg dieser Sammlung vor. Eine ehrliche Auseinandersetzung mit immer wieder aufkeimenden unternehmerischen Fragen. Ihnen, verehrte Leserinnen und Leser, wünsche ich viel Spaß bei der Lektüre.

Ihr Hans Knürr, im September 2007

1. DIE SPEZIES »UNTERNEHMER«

1.1 LUST AN DER SELBSTÄNDIGKEIT

Es muß schon sehr viel mehr sein, als die immer wieder feststellbare Hoffnung, »mit weniger Arbeit mehr Geld zu verdienen«, die Menschen dazu bringt, sich aus relativ gesicherten Positionen in etablierten Organisationen in die Ungewissheit der Selbständigkeit zu begeben. Da wäre beispielsweise die Lust am Abenteuer, die uns immer wieder anregt und ermutigt, neue Wege zu beschreiten, deren Verlauf und Ende weder kartographiert noch erkundet sind. Oder die Lust, Rollen zu spielen, für die kein Textbuch vorliegt und bei denen der Verlauf des begonnenen Aktes von niemandem geahnt werden kann. Das spürbare Risiko, das gewollte außergewöhnliche Erlebnis, zählt sicher zu den vielen immateriellen Motivationen des Unternehmertums. Aber auch der Spieltrieb, die Herausforderung des eigenen Glücks, scheint bei den Triebkräften einen wichtigen Teil einzunehmen. Das Messen eigener Fähigkeiten mit denen der Mitmenschen, das »besser sein wollen als andere« und somit der freiwillige Eintritt in einen Wettbewerb hat in erster Linie mehr mit einem menschlichen Urtrieb zu tun als mit existenzsicherndem Geldverdienen. Blicken wir doch nur auf den Ehrgeiz und das Engagement im noch echten Amateursport.

Als weiterer Grund gegen das Angestelltendasein kommt hinzu, dass vielen Menschen die oft subjektive Beurteilung ihrer Leistung durch Vorgesetzte ein Dorn im Auge ist. Die Flucht in die Selbständigkeit scheint einen Ausweg zu bieten. Dabei unterschätzen viele jedoch, wie grausam die Beurteilung des Chefs aller Unternehmer sein kann, und zwar durch den Markt.

Die stärkste innere Triebkraft für mich war stets die Chance, meine Ideen nicht nur haben zu dürfen, sondern sie in Produkten und Leistungen auch verwirklichen zu können. Ich war und bin tief in meinem Inneren richtig stolz, wenn es meinen Mitarbeitern und mir wieder gelungen war, besonders gute Lösungen gefunden zu haben, um das Angebot für die Kunden attraktiver als das der Wettbewerber zu gestalten – und zwar ganz unabhängig vom späteren wirtschaftlichen Erfolg. Ich bedauere also eigentlich jeden Unternehmer, der knallhart und ausschließlich dem schnöden Mammon hinterherjagt und seinen ganzen Lebensinhalt nur in Unternehmenszahlen auszudrücken vermag.

Ich hatte und habe viele Gelegenheiten, Unternehmerpersönlichkeiten kennenzulernen und stelle dabei glücklicherweise fest, dass die wirklich erfolgreichen unter ihnen nie über ihr bislang verdientes oder noch zu verdienendes Geld oder über ihr gewaltiges Machtpotential redeten. Erfolgreiche Unternehmer berichten mit freudestrahlenden Augen über realisierte Ideen, über umgesetzte einmalige Produktionsverfahren, über innovative Produkte, über die Eroberung neuer Märkte und über Methoden der Gewinnung qualifizierter Partner. Man spürt förmlich die Freude am Gestalten und die Freude am überdurchschnittlichen Tun.

Das alles mag sehr romantisch klingen, deshalb folgendes zur Klarstellung: Diese offenbare Freude am Gestalten und am Umsetzen sichert als Konsequenz auch den materiellen Wohlstand dauerhaft.

1.2 GLÜCK UND MISSMANAGEMENT

Es hat mich schon immer fasziniert, wie unternehmerisches Leben und Treiben von Nichtunternehmern beobachtet und kommentiert wird. Solange sich der Ausnahmemensch, der Unternehmer, noch in der Startphase befindet, teilen sich die Meinungen insofern, dass die einen seinen Mut bewundern, während die anderen bereits seinen raschen Untergang prophezeien. Doch unabhängig von der Grundeinstellung müssen beide Kritikergruppen soviel Skepsis anmelden, dass sie sich mit ihren Äußerungen nicht zu weit aus dem Fenster lehnen. Der Ausgang des kommentierten Abenteuers erscheint ihnen zu unsicher, um sich der Gefahr einer Zurechtweisung durch die Entwicklung auszusetzen.

Stellt sich dann nach sehr viel harter Arbeit, nach Einsatz des eigenen Geldes, unter Verzicht auf viel Vergnügen und belastet von stets lauernden Risiken, der Erfolg endlich ein, so sind sich dieselben Beobachter schnell darüber einig, dass dieser Kerl ein unglaubliches Glück gehabt haben soll. Unter so günstigen Umständen hätte man das sicher auch geschafft – und zwar leicht. Bei soviel förderlichen Bedingungen und daraus resultierendem Erfolg stellen sich bald Freunde ein, die es »schon immer gewusst und gesagt haben«, und die sich nun gerne mit dem Mutigen im Glücksbad suhlen wollen. Er, der Glücksunternehmer, kann sich vor Einladungen zu allen möglichen Anlässen nicht mehr retten. Er wird zum »Rising Star« der Gesellschaft.

Unternehmerischer Erfolg basiert jedoch auch auf den eingegangen Risiken. Nicht alle von ihnen sind gutartig. Manche wirken sich erst später, zur Unzeit, bedrohlich aus und sorgen zumindest für eine Delle in der Erfolgskurve des Unternehmens. In der Gunst der von außen kommentierenden Nichtunternehmer wandelt sich früher vermeintlich festgestelltes Glück freilich nicht in sein Gegenteil. Statt von Unglück wird nun vielmehr von Missmanagement, von Unfähigkeit oder von Inkompetenz gesprochen. Man hat auch das schon gleich gewusst und gesagt, und eigentlich wollte man noch nie richtig mit diesem Menschen zu tun haben. Der krisengeplagte Unternehmer wird fortan nicht mehr gegrüßt und sitzt abends allein Zuhause. Wer will seine wertvolle Zeit schon mit einem Versager teilen?

Es ist gut für Unternehmer, bei allen Erfolgen auch kritische Situationen durchzustehen. Nach dieser Erfahrung weiß man sicher, wer seine wahren Freunde und wer die Trittbrettfahrer sind. außerdem erweist es sich immer wieder als wichtig zu wissen, wie hart Neid zu erarbeiten ist. Ich habe lange dafür gebraucht, bis ich auf den Neid, der mir teilweise völlig unverständlich entgegenschlug, aus tiefster Seele stolz war.

1.3 UNTERNEHMER IM ÖFFENTLICHEN ANSEHEN

Unternehmer werden nur allzu gern in dieselbe Schublade gesteckt, in der sich schon andere unverständliche, unbequeme Menschen befinden. Sie seien eigenwillige, egoistische, kapitalistische Geschöpfe, mit denen man als Normalbürger nichts zu tun haben wolle. Sie seien für alles nationalökonomische Ungemach verantwortlich. Soziales Verhalten sei ihnen schon aufgrund ihres stets geldgetriebenen Denkens und Handelns vollkommen fremd. Diese ungerechten Einstufungen entspringen tatsächlich weitgehend dem Neid derer, die, warum auch immer, nicht die Gelegenheit hatten, ein erfolgreiches Unternehmerleben zu führen.

Unternehmer sind in Wirklichkeit eigenverantwortlich denkende und handelnde Menschen, die ihre materielle Existenz durch Fleiß, Begeisterung, Opferbereitschaft und durch die Übernahme von Risiken außerhalb großer Organisationen in größtmöglicher Unabhängigkeit aufbauen und sichern. Unternehmer müssen eigenwillig sein und sind deshalb in ihren Entscheidungen nicht immer und für jeden verständlich, da sie Besonderes zu leisten haben und auch besonders gut sein müssen, um im harten, täglich fordernden Wettbewerb zu bestehen. Der erfolgreiche Unternehmer schafft materielle und immaterielle Werte, über die er verfügen kann und über die er auch verfügen will. Es ist seine Aufgabe als verantwortlicher Macher, Produkte und Leistungen zu schaffen, die der Markt freiwillig aufnimmt. Wenn ihm das gelingt, wirkt er ganz automatisch im eigenen Haus wie auf gesellschaftlicher Ebene durch die Schaffung von Arbeitsplätzen sozial.

Erfolgreiches unternehmerisches Leben wirkt wie eine Droge, weil es auch alle Voraussetzungen zu einem menschlich tief erfüllenden Leben schafft. Die Gestaltbarkeit der existentiellen Entwicklung, die Chance des Auslebens eigener Kreativität, die Beurteilung der eigenen Leistung nur durch den Markt, der Sieg im Wettbewerb, das Risiko und dessen Beherrschung sowie die materielle und soziale Anerkennung treiben den Unternehmer an die Grenzen seiner Machbarkeiten. Sein unternehmerisches Tun gibt ihm Würde und Freiheit und macht ihn zurecht stolz auf sein Werk. Er ist es gewohnt, existentielle Entscheidungen vorzubereiten und zu treffen. Er ist auch bereit, die Konsequenzen seiner Entscheidungen zu tragen.

Durch die Ergebnisse seiner eigenen Leistung, mehr noch aber durch die Erwartungen seines Umfelds, durch Kunden, Mitarbeiter, Lieferanten, seine Finanzpartner und natürlich seine Familie ist der Unternehmer ständig getrieben, am folgenden Tag noch besser zu sein als am vergangenen. Denn seinem Stillstand folgt der Ruin des Unternehmens.

1.4 UMGANGSFORMEN IM GESCHÄFT - ALTBACKEN ODER PRAKTISCH?

Ich greife hier nur eine der wichtigsten Tugenden, die Pünktlichkeit, heraus, um daran zu erinnern, dass Höflichkeit auch geschäftlich viel Sinn ergibt. »Auf mich wartet man gern«, »Ohne mich können die hier sowieso nicht anfangen«, höre ich leider immer wieder von arroganten, rücksichtslosen Naturen, denen es fast schon ein Anliegen ist, andere auf sich warten zu lassen. Sie versprechen sich wahrscheinlich besondere Beachtung durch die wartenden Menschen oder wollen auf die wohl unpassendste Art etwas Macht demonstrieren. Was sie dadurch aber auslösen, ist Unmut, Verärgerung und ein von vornherein belastetes Gesprächsklima.

Im wirklichen Leben gibt es nur ganz wenige Begründungen, die es rechtfertigen, andere auf sich warten zu lassen. In den allermeisten Fällen steckt hinter der Verfehlung mangelndes Bewusstsein der Konsequenzen. Wer zu spät kommt, löst bei mir ganz hässliche Assoziationen aus, wie schlechte Erziehung, Zeitdiebstahl, Rücksichtslosigkeit, Arroganz, Unfähigkeit mit der Zeit umzugehen, Unzuverlässigkeit. Es wäre ein Riesengewinn für den zielführenden, kultivierten Umgang miteinander, wenn sich wenigstens Führungskräfte, die sich ja gern zur Elite der Nation zählen, ein Mindestmaß an Gefühl für die durch Unpünktlichkeit verursachten Schäden entwickeln würden. Dies gilt natürlich nicht nur für Führungskräfte der Wirtschaft.

Zeit ist zweifellos das wichtigste Gut, das uns Menschen gegeben ist. Wer also mutwillig anderen Zeit wegnimmt oder die Zeit anderer mit seiner Unzuverlässigkeit in der Nutzung beeinträchtigt, ist ein Verbrecher. Auch denkt er nicht wirtschaftlich, da beispielsweise Konferenzen später als geplant beginnen, während sündteure Mitarbeiter däumchendrehend warten oder weil bereits gewonnene Ergebnisse der ohne ihn begonnenen Sitzung für den »Spätkommer« zeitraubend wiederholt werden müssen, wobei der »Spätkommer«, sein eigenes Qualitätsimage demoliert: Er wird als unzuverlässig eingestuft. Er verdirbt sich die Chance, seine angestrebten Verhandlungsergebnisse in guter Atmosphäre, also leichter und schneller zu erreichen. Er fällt zudem in den Abfallkorb sozialer Inkompetenz, weil er als schlecht erzogen, unhöflich und rücksichtslos erscheint. Ich kann mir kaum vorstellen, wo denn der Nutzen der notorischen »Wartenlasser« liegen könnte, außer in dem dümmlichen Gefühl, einmal für ganz kurze Zeit beachtet zu werden.

Gerne bin ich etwas früher als notwendig dort, wo ich zu sein habe, und genieße die fünf oder zehn Minuten zur nochmaligen geistigen Einstimmung auf das zu führende Gespräch. Ich mache mich mit der Umgebung vertraut und gehe die zu erwartenden Positionen der Partner nochmals durch, um nicht überrascht zu werden. Pünktlichkeit kann ich also keinesfalls als überkommene, Geschäfte belastende Umgangsform betrachten, sondern als ausschließlich hilfreiche Eigenschaft für alle Beteiligten. Es lebe die gute Kinderstube, auch im Geschäftsleben.

1.5 UNTERNEHMENSKULTUR

Es gibt kaum einen Begriff in der Geschäftssprache, der mehr Interpretationen zulässt als »Unternehmenskultur«. Sei es, dass der Chef einmal im Jahr mit seinem Team ins Theater geht, oder dass ein unternehmensweiter Vorlese- oder Malwettbewerb stattfindet oder dass ein Preisskat organisiert werden darf. Dies alles sind nur zulässige Ausläufer dessen, was ich darunter verstehen möchte. Für mich geht es hier um die Qualität des täglichen Miteinanders der im Unternehmen tätigen Menschen. Es ist die Art der zwangsläufig immer wieder notwendigen Konflikt- und Krisenbewältigung. Es ist die Portion Humor, mit der man sich gegenseitig ermuntert, außerdem die Offenheit, die Ehrlichkeit und die Rechtzeitigkeit der gegenseitigen Information. Es ist aber auch die glaubwürdig demonstrierte Loyalität zum Unternehmen gegenüber Außenstehenden. Kultur im Unternehmen zeigt sich an der Innovationskraft, am Engagement und am Leistungswillen aller ins Unternehmen involvierten Personen.

Ein kultiviertes Unternehmen erzeugt hervorragende Gewinne durch die Kompetenz und den angeborenen oder anerzogenen Anstand der Protagonisten. Kann denn nun ein solcher Unternehmenshimmel erzeugt werden oder hat man einfach Glück zu haben, dass man sich wenigstens in diese Richtung entwickelt?

Zumindest einige wesentliche Voraussetzungen kann die Unternehmensleitung schaffen, um das Verständnis der Gemeinschaftsaufgabe zu kultivieren. Jede kulturelle Verbesserung beginnt mit der Ehrlichkeit, mit der die Unternehmensleitung sich selbst präsentiert. Beispielsweise in einer leicht verständlichen Darlegung der Unternehmensziele oder in einer möglichst klaren Definition der Personalpolitik, was sich so ausdrücken kann:

- Aussagen zur Ergebnisbeteiligung
- Aufzeigen von Perspektiven für das Unternehmen und die Mitarbeiter
- Chancen auf Weiterbildung
- Versuch einer objektiven Leistungsbeurteilung
- Sorgfältige Auswahl bei Neueinstellungen

Alle Mittel, mit denen das Vertrauen der Mitarbeiterschaft in die Politik des Unternehmens gewonnen oder gestärkt werden können, helfen, ein kultiviertes unternehmerisches Leben und Treiben zu entwickeln. Ich halte es für unverzichtbar, dass alle Mitarbeiter eines Unternehmens zukunftsorientierte Absichten verstehen dürfen und können. Dazu müssen die Inhalte der Botschaften, wenn diese Art des Bemühens um Kultur nachhaltig positive Wirkung erzeugen soll, schriftlich dokumentiert sein und möglichst breit kommuniziert werden. Das bloße Verkünden glorreicher Absichten auf Betriebsversammlungen reicht sicher nicht aus.

Wenn sich die Geschäftsleitung glaubwürdig um saubere und würdige Zielstrebigkeit bemüht, haben es die Mitarbeiter prinzipiell schwer, sich in irgend einer Form daneben zu benehmen. Die Ernte der Früchte interner Kulturarbeit ist dann kaum noch zu verhindern, da die Mitarbeiter Grund haben, auf ihr Unternehmen stolz zu sein. Sie vertrauen der Unternehmenspolitik und dem Management. Konsequenterweise werden sie unter so schönen Voraussetzungen gern ihre ganze Kraft einsetzen, um sich einen Arbeitsplatz wie diesen zu erhalten. Kultur macht sich also zumindest im Unternehmen bezahlt.

1.6 FREUDE AM UNTERNEHMERTUM DURCH GEIST UND EINSATZ

Mit Wehmut sehe ich in die derzeitige Jungunternehmerszene. Da gab es vor der Jahrtausendwende noch einen wunderbaren Gründeraufschwung. Die schon damals hohe Arbeitslosigkeit hatte die Regierung zu verführerischen Gründungsprogrammen getrieben und es gab unglaublich mutige »Private Equity«-Investoren, »Business Angels« und risikobereite Börsenanleger. Unternehmen schossen wie Pilze aus dem Boden – eine Erfolgsstory jagte die nächste. Jeder zeitunglesende Mensch, der noch nicht selbständig war, musste sich richtig bescheuert vorkommen. Für viele war der alte schöne Traum Realität geworden, dass man als Unternehmer mit vermeintlich wenig Leistung viel Geld verdienen kann.

Die gesamte Wirtschaft war euphorisch, bis sich wenig später die erschütternde Ernüchterung bzw. Klärung des Nebels zeigte. Das eingesetzte »Venture Capital« und die reichhaltigen Börsenagios waren rasch in ehrgeizige Entwicklungsvorhaben, energische Marktausweitungen oder üppige Geschäftsführer- und Vorstandsgehälter gesteckt. Nachdem teils nur noch in traumhaften Planzahlen gedacht und gehandelt wurde und das unternehmenserhaltende »Gewinne erwirtschaften« nur noch als nachgeordnete Größe rangierte, folgte für die hoffnungsfrohen Gründer und Anleger die Zeit der großen Schocks. Anlässlich der erlebten rauhen Realität machte das Unternehmertum plötzlich überhaupt keinen Spaß mehr. Schade.

Schuld an dieser Entwicklung tragen neben den naiven Gründern auch die nicht minder naiven Investoren, die den bereitwilligen, aber weitgehend unerfahrenen Menschen nicht deutlich genug gesagt hatten, dass langfristig erfolgreiches Unternehmertum egal unter welchen Voraussetzungen ausschließlich durch wettbewerbsfähige Produkte und Leistungen zu haben ist und nichts mit Träumen von schnellem Geld zu tun hat.

Selbständigkeit macht Freude, speziell das Unternehmertum, trotzdem und gerade deshalb. Es stellte sich für mich immer wieder als unbeschreibliches Vergnügen, ja sogar als Glück heraus, wenn ich eine oft heimlich durchgekaute Idee in ein Produkt verwandeln konnte, das dann von denen, für die ich es als Lösung eines Problems entwickelt hatte, auch gekauft wurde. Eine objektivere Anerkennung von Leistung gibt es nicht, als wenn Menschen ihr Geld ohne psychischen oder materiellen Zwang für den Erwerb dieses Produkt geben. Sie stellen damit die Leistung des einen Unternehmers in ihrer Wertschätzung über das Angebot des Wettbewerbs. Jedes verkaufte Produkt erklärt einen so zum Sieger über andere.

Es lohnt sich eben aus vielen, auch immateriellen Gründen, den Sprung in die unabhängige Existenzsicherung zu wagen. Auch dann, wenn der Traum vom großen Geld und ausübbarer Macht nicht sofort in Erfüllung geht, sondern vorläufig nur unbequeme lange Arbeitstage, schlaflose Nächte und die Sorge um rechtzeitige Zahlungseingänge das aufregende Erlebnis bestimmen.

Solide Produkte zu akzeptablen Konditionen, dazu noch kompetente und freundliche Beratung, führen weltweit zu gerne kaufenden, gute Preise bezahlenden Kunden und damit zu dauerhaften, krisenbeständigen Erfolgen, auf die der Unternehmer richtig stolz sein kann. Besonders dann, wenn er es ohne teilweise die Moral vergiftende, zu flott verabreichte und überdosierte Finanzspritzen geschafft hat.

1.7 RISIKOSTREUUNG UND KERNKOMPETENZ

Wer die gesamtökonomische Entwicklung und die vielseitig verkündeten betriebswirtschaftlichen Weisheiten zur Vermögensmehrung so lange miterleben durfte wie ich, der staunt doch sehr, wie viel Widersprüchliches sich im Einzelfall als richtig erweist. Da gab es die Zeit der großen Diversifikation. Jeder Elektroladen brauchte zum Zwecke der Risikostreuung noch einen Schuhhandel und eine Molkerei oder ein Immobiliengeschäft dazu. Angeblich wurden die Branchenrisiken durch die Vielfalt der Branchen, in die man investierte, abgefedert.

Irgendwann hat dann aber ein Betriebswirtschaftler ein Physikbuch in die Hand bekommen, in dem er wohl auf das Gesetz der Druckverteilung stieß, das da leicht verständlich lehrt, dass zu breit verteilter Druck zu dessen Wirkungslosigkeit führt. Für den Betriebswirt ergibt sich daraus als logische Folge eine ökonomische Erfolgsgarantie durch die Fokussierung auf die Kernfähigkeiten eines Unternehmens oder Unternehmers. Alles Unnötige, alles, was andere auch schon können, alles, was eben nicht zum Kern gehört, wird eilends aus dem Tätigkeitsbereich verbannt. Die berühmte, offensichtlich überall und ungeprüft angepriesene Theorie, dass von 100 % Gesamttätigkeit nur 20 % nützlich und 80 % reiner Ballast sind, wird von radikalen Rationalisierern dazu benutzt, um nur noch die guten 20 % auszuüben.

Die Konzentration auf das gute Geschäft führt zur Konzentration auf nur einen besonders reizvoll erscheinenden Markt, auf die oberen 20 % der Kunden, während die übrigen 80 % nicht mehr nachhaltig gepflegt oder abgeschafft werden. Die Verteilung der verfügbaren Kräfte auf zu viele Märkte und zu viele Kunden kostet nur Aufwand und unnötiges Geld, ist also ökonomisch pure Verschwendung.

Zweifellos hatten und haben einige Unternehmen mit der konsequenten Anwendung der 80:20-Regel gute Erfolge, zumindest kurzfristig oder sogar mittelfristig. Wie gefährlich allerdings das volle Einsteigen in die Konzentration auf eine Kernkompetenz innerhalb eines Marktes sowie auf wenige, ganz tolle Kunden sein kann, zeigt das Beispiel der Telekommunikationsindustrie.

Dieser zur Jahrtausendwende von Ökonomie-Gurus für mindestens noch zehn weitere Jahre als boomend hochgelobte Markt, brach ohne jede Vorankündigung wenig später fast zusammen. Ganz zusammengebrochen sind Unternehmen, die sich ausschließlich diesem Markt und außerdem nur den größten darin tätigen Kunden gewidmet hatten. Gerade die also, die nur in eine sehr beschränkte Produkt- und Leistungsvielfalt investiert hatten, in der Hoffnung, sich durch ihr konzentriertes Wirken einen möglichst satten Anteil des Boommarktes zu sichern.

Natürlich muß jeder Unternehmer auch riskante Entscheidungen treffen und immer wieder Prioritäten setzen, um sich nicht zu verzetteln. Ich halte es aber schlicht und einfach für zu gefährlich, auch für verantwortungslos, nur auf ein Pferd zu setzen. Sich ein Zweites zu leisten, heißt, zwar mehr Futter zu kaufen als unbedingt nötig, heißt unnötige Vorratshaltung und heißt verteilte Zuneigung, doch es ist schon ein verdammt gutes Gefühl, schnell und ohne Zeitverzögerung umsatteln zu können, wenn das gerade noch am schnellsten galoppierende Pferd stürzt und stirbt.

1.8 MARKETING - EIN UNWORT DER WIRTSCHAFT

Es war mir vergönnt, ein Unternehmen vom schönen, lokal tätigen Handwerksbetrieb zu einem weltweit anerkannten Industrieunternehmen zu entwickeln. Also kann ich beim Thema Kundenverständnis nicht alles falsch gemacht haben. Dass mir das Wort Marketing dabei immer wieder, vor allem von akademisch angehauchter Seite, ins Ohr gekrochen ist, war nicht zu vermeiden. Wann genau ich es zu hassen begann, weiß ich nicht mehr, aber es war sicher im Zusammenhang mit Stellenbewerbern, die nicht »in den Vertrieb«, sondern »ins Marketing« wollten.

Störend sind im Wesentlichen die vielen, teils widersprüchlichen Definitionen, die in viel zu vielen Fachbüchern zu finden sind, vor allem aber sind es die Menschen, die sich hinter diesen unklaren Aussagen verbergen. Ich habe langsam, aber sicher richtig Angst vor Leuten bekommen, die unbedingt mit Marketing ihr Geld verdienen wollen und nicht im Vertrieb. Ich habe inzwischen auch herausgefunden, warum das so ist. Durch die vielen sehr unterschiedlichen Beschreibungen, was denn so alles »Marketing« sei und wofür es nützlich sein soll, ergeben sich für diese Leute, die sich dahinter verbergen, großartige, vielfältige und völlig unschuldige Erklärungen für Fehlentwicklungen eines Unternehmens.

Viele wissenschaftliche Werke versuchen krampfhaft, die Geheimnisse menschlichen Konsumverhaltens zu erforschen, zu formulieren und, weil dies den Anschein von Wissenschaftlichkeit erhöht, in Formeln zu fassen. Professoren versuchen wie in kaum einer anderen Wissenschaft, einfachste Erfahrungen so kompliziert wie möglich darzustellen, so dass die Gefahr einfachen Verstehens gebannt ist, während sich ihr Werk teuer verkauft.

Über all dem akademischen Gepräge im Marketing wird immer wieder vergessen, dass Märkte alles andere als schwer zu erforschende anonyme Wesen sind, sondern nur die Ansammlung schlichter menschlicher Träume, Bedürfnisse und Hoffnungen. Ignoriert wird, dass die zahlungsfähigen Bedürfnisträger ausschließlich Menschen sind, denen es gut tut, wenn man sich mit ihnen als Personen und nicht etwa als Zielgruppe befasst. Die Ermittlung menschlicher Bedürfnisse braucht sehr viel mehr Einfühlungsvermögen und Mitgefühl als Formeln oder große empirische Erhebungen mit statistischem Apparat.

Als schönstes Beispiel wissenschaftsgläubigen Misslingens erinnere ich mich gern an die vollkommen fehlgeschlagene USA-Politik eines deutschen Automobilherstellers. Aufgrund einer sündteuren, streng wissenschaftsbasierten Erhebung wurde für viel Geld ein Werk gebaut, um dort ein ortsangepasstes Modell zu produzieren. Nach fünf Jahren wurde das betreffende Werk nach einem Gesamtverlust von 4 Milliarden DM wieder geschlossen.

Demgegenüber erobern simple Produkte auch ohne jede Marktforschung die Welt. So hatte ein einfacher Bürger vor Jahren seinen Mitmenschen auf den Bauch geschaut und den Hula-Hoop-Ring kreiert, den man um die Hüften kreisen lassen sollte. Die Welt fand die Idee jedenfalls schön und hat sie für viel Geld gekauft.

Im Marketing sollten deshalb nur Menschen tätig sein, die Menschen mögen und denen es richtig Spaß macht, anderen Menschen eine Freude zu bereiten, ihnen zu dienen und Probleme für sie zu lösen und die jene seltene Fähigkeit haben, sich in die Lage der anderen Menschen zu versetzen. Wer das kann, unterscheidet sich in der Servicewüste Deutschland deutlich vom Wettbewerb und gewinnt so zufriedene Kunden für seine Produkte und Leistungen. Marketing, zumindest ehrliches, ist Dienst am Menschen und kein bedeutungsschwangeres Wort.

1.9 ÜBERLEGTER UMGANG MIT MISSERFOLG

Jeder Unternehmer hat mehr oder weniger klare Vorstellungen darüber, wovon sein Unternehmen leben soll, und er weiß in der Regel auch, wer was und wann zu leisten hat, um Erfolge zu erzielen. Er hat also Strategien, um aus seinen Visionen unternehmensdienliche Realitäten werden zu lassen. Er überlegt und entscheidet für die Zukunft. Diese hat aber bedauerlicherweise keine harten Daten und Fakten, sondern nur Hoffnungen, Zufälle und Unwägbarkeiten als Basis für Entscheidungen zu bieten. So ist kaum auszuschließen, dass auch dem klügsten Führungskopf Fehleinschätzungen und damit messbare Misserfolge unterlaufen, die natürlich von der Umgebung einerseits mit Sorge, andererseits genüsslich aufgenommen werden, frei nach dem Motto: »Endlich hat sich auch der Chef einmal geirrt.«

Sich deshalb in Schuldvorwürfen zu verzehren, wäre sicher eine zu einfache und vor allem eine fortschrittshemmende Antwort. Für noch falscher halte ich es allerdings, der weit verbreiteten Versuchung zu erliegen, nach eingetretenen Misserfolgen auf die Jagd nach geeigneten Prügelknaben zu gehen. Beides dient nicht der schnellstmöglichen Reparatur des entstandenen Schadens.

Bei ungünstigen Entwicklungen aller Art im Unternehmen sind daher die Kreativität und die Motivationskraft des Häuptlings von ausschlagender Bedeutung. Für ihn heißt das, dass er den zur Fehlentwicklung führenden Irrtum kennt, ihn wenn möglich oder nötig auf sich nimmt und im übrigen mit einem Zuversicht und Perspektiven aufzeigenden Programm vor seine Mannschaft sowie eventuell vor seine Kunden tritt. Kritische Phasen in einem Unternehmen übersteht man am besten mit einer durch Ehrlichkeit und Klarheit erzeugten guten Stimmung im Team. Mit einem verständlichen Konzept und einer sauberen Informationspolitik können Misserfolge schnell vergessen gemacht werden und die Kräfte des Unternehmens wieder zielgenau ausgerichtet werden.

Einzelne Misserfolge gehören freilich einfach zum Unternehmensalltag dazu und dürfen weder Hektik noch Verzweiflung auslösen. Schließlich reicht es für den unternehmerischen Gesamterfolg schon aus, wenn mindestens 51 % aller Entscheidungen zu Erfolgen führen.

1.10 DER UNGLÜCKLICHE UNTERNEHMER

Das Maß empfundenen Unglücks hängt in allen Lebenssituationen von den jeweils gehegten Erwartungen ab, auch bei Unternehmern. Immer wieder begegne ich klagenden und weinenden Kollegen, deren Rechnung aus ihrer Sicht unverständlicherweise nicht aufging und deren große Hoffnungen sich vollkommen zerschlagen haben, so dass sie ihre eigene Welt nicht mehr verstehen und auch nicht mehr mögen.

Sie sehen sich als Versager und als Verlierer und glauben daher, totunglücklich sein zu müssen. Indessen zählen Unternehmerschicksale sicher zu den denkbar farbigsten Biographien. Jedes dieser Schicksale ist schließlich ein spannendes Spiegelbild eines aufregenden Lebens, so dass ich speziell bei Unglücklichen gern interessiert nachfrage, natürlich auch, um daraus zu lernen.

Zuhauf treffe ich dann auf Antworten, die zeigen, wie wenig sich manche Menschen fragen, ob denn die Selbständigkeit, die existenzielle Eigenverantwortlichkeit, überhaupt zu ihrer Persönlichkeit passt. Die Unglücklichen hatten sich nicht gründlich mit dem großen Schritt befasst und liefen folglich mit vollkommen falschen Erwartungen ins scharfe Messer der zwar gerechten, aber auch gnadenlosen Marktwirtschaft.

Zu viele Menschen (auch Gewerkschaftler) unterliegen dem Fehlglauben, dass mit dem Schritt in die allseits so hochgelobte Selbständigkeit bereits alle Weichen in Richtung Freiheit, Wohlstand und gesellschaftliche Anerkennung unverrückbar gestellt seien. Auf diesem tragischen Irrtum beruhen auch die unglaublich einfachen Gedankengänge von Menschen, die es zu lange gewohnt waren, dass ein diktatorischer Staat die existentiellen Entscheidungen für sie trifft. Marktwirtschaft als Wirtschaftsform und Unternehmertum als Basis eigenverantwortlicher Existenzsicherung bieten Tüchtigen und Fleißigen zwar hervorragende Chancen, doch sie bieten bedauerlicherweise keinerlei Garantien für eine unbesorgte Lebensgestaltung.

Ob man die gebotenen Chancen nutzen will oder kann, hängt ausschließlich von der persönlichen Beschaffenheit jedes Einzelnen ab. Mit seinem Glück zu rechnen und zu hoffen, dass sich alles zum guten entwickelt, eine gesunde Portion Zuversicht also, halte ich für unverzichtbare Elemente im unternehmerischen Leben. Ewige Pessimisten und die berufsmäßigen Bedenkenträger haben als Unternehmer nicht die geringste Chance. Andererseits gibt es keine Veranlassung für unbegrenzten Optimismus.

Der feste Glaube an die Vermarktungsfähigkeit der eigenen Idee, der starke Wille zur Durchsetzung eigener Überzeugungen und die Bereitschaft, Zeit, Geld und jede Gemütlichkeit zu opfern, also sehr viel mehr zu investieren als Optimismus und Selbstsicherheit, sind die echten Stützen einer erfreulichen, planbaren Zukunft.

Jedem unerfahrenen, blauäugigen Betrachter unternehmerischer Chancen sei ans Herz gelegt, dass jeder Unternehmer einem höchst gerechten, aber zugleich ungnädigen bis grausamen Chef zu dienen hat – seinem Markt und den Menschen, deren Geld er will. Hervorragende Leistungen werden traumhaft belohnt. Unnötige Leistungen oder schlecht erbrachte, wie Nachlässigkeiten, arrogantes Auftreten oder Unzuverlässigkeiten werden hingegen sofort und meist sehr hart mit Folter oder Todesstrafe quittiert.

Unternehmer sollte darum nur werden, wer sich stark genug fühlt, sich täglich von Neuem als Wettbewerber zu bewähren und sich täglich neu von seinen Kunden wie Partnern bewerten zu lassen. Kritische Worte sollten dabei immer als Antrieb gesehen werden, um am nächsten Tag erforderliche Verbesserungen durchzuführen. Wer das früh zur Kenntnis nimmt, wird nicht enttäuscht und bleibt glücklicher Unternehmer.

1.11 DER CHEF, DAS SPRACHENWUNDER

Bekanntermaßen gibt es Begegnungen, bei denen sich ein alter Chinese und ein junger Niederbayer glänzend verstehen, ohne die Sprache des anderen zu beherrschen. Irgendwie schaffen sie es mit Händen und Füßen und Wortgewirr, sich gegenseitig klarzumachen, wie sie sich fühlen und was sie voneinander wollen – weil sie es wollen.

Demgegenüber glaubt man landläufig, dass es sehr viel einfacher sei, sich in einer gemeinsamen Sprache zu verständigen. Wenn man aber sieht, wie wenig sich womöglich zwei geborene Deutsche, die in einem Dorf aufgewachsen sind und immer dort gelebt haben, verstehen, weil der eine dem anderen auf seinem Niveau oder in seiner Fachsprache klarmachen will, dass er der Klügere sei, stellt man schnell fest, dass zur sinnvollen Verständigung der strikte Wille gehört, nicht nur akustisch verstanden zu werden.

Es ist einfach spannend, die Gespräche beispielsweise zwischen einem Entwicklungsleiter und einem Finanzchef zu verfolgen, wenn sich beide nicht verstehen können oder wollen, weil jeder nur in seinen Fachvokabeln argumentiert. Der Entwicklungsleiter redet in vielversprechenden Formulierungen von der segensreichen Zukunft des Unternehmens, wenn er doch seine unschlagbare Idee verwirklichen könnte. Der Finanzmensch erklärt mit seiner ganzen verbalen Kraft, dass er die erforderlichen Mittel nicht hat bzw. für andere wichtige Dinge einzusetzen gedenkt. Bei solchen Auseinandersetzungen bedarf es eines Dolmetschers aus der Geschäftsleitung, der die Sprachen des Technikers und des Kaufmanns kennt. Es ist ein babylonisches Gewirr von Fachsprachen, das die Verständigung im Unternehmen erschwert. Die Einkäufer, die Verkäufer, die Buchhalter, der Personalchef und der Betriebsrat haben jeweils soviel Fachchinesisch auf Lager, dass sie ihre Kollegen ernsthaft beeindrucken und verwirren können, aber eben auch schlecht oder gar nicht verstanden werden.

Etwas übertrieben kommt mir auch manche Rede in Unternehmen vor, etwa wenn der Chef einer Fabrik in Unterfranken seine Ansprache zur Betriebsversammlung, nur weil er des Lateinischen mächtig und stolz darauf ist, eben in dieser alten Sprache hält, um sich anschließend zu wundern, dass sie recht unerwartete Reaktionen auslöst. 0,5 % haben ihn mit Mühe verstanden und sind ebenfalls stolz darauf. 5 % werden sich angesichts des unglaublichen Bildungsgrads des Chefs tief verbeugen, auch wenn sie den Inhalt nicht mitbekommen haben. 10 % sind über die verlorene Zeit verärgert, 85 % aber glauben, der Chef sei nun vollkommen verrückt geworden und werden trübsinnig oder traurig. Natürlich kann sich der Chef auf den Standpunkt zurückziehen, dass jeder, der ihn verstehen will, die von ihm gesprochene Sprache zu erlernen hat, oder er kann, komplexbeladen wie er nun mal möglicherweise ist, weiterhin bestrebt sein, seine Zuhörer mit seinem klassischen Hintergrund beeindrucken zu müssen.

Der Chef freilich, der Wichtiges schnell und direkt (also ohne verfälschenden Dolmetscher) transportieren will, tut gut daran, jeweils die Sprache derer zu erlernen und zu sprechen, von denen er gut verstanden werden will. Dies gilt aber nicht nur für Chefs!

1.12 DIE EIGENE WEITERBILDUNG

»Es geschieht meiner Mutter gerade recht, dass es mich friert. Warum hat sie mir keine warmen Handschuhe angezogen.« Diese herzzerreißende Aussage eines 16jährigen Halbstarken karikiert so herrlich die Suche nach Verantwortlichen für das eigene Befinden, dass sie mir spontan beim Thema »Weiterbildung«, vor allem im unternehmerischen Umfeld, in den Sinn kommt.

Viel zu viele Menschen, leider auch Unternehmer, warten ständig darauf, dass sie weitergebildet werden, dass sich jemand um die Aktualität ihres Wissens sorgt und sie vom Golfplatz weg zurück auf die Schulbank treibt. Diese lethargischen »Bildungs-Warter« stellen sich immer wieder als genau diejenigen heraus, die dann, wenn Wettbewerber oder Kollegen mitleidig lächelnd an ihnen vorbeiziehen, fürchterlich laut über deren vermeintliches Glück und über ihr eigenes berufliches Unglück meckern.

Jeder Mensch verdummt automatisch und kontinuierlich, wenn er nicht ständig neues Wissen nachführt. Unter marktwirtschaftlichen Konditionen und bei der unglaublichen Geschwindigkeit an Wissenszuwachs ist die Aussage, »Wissen ist Macht«, so inhaltsreich wie nie zuvor. Aktuelles Wissen ist die beste Voraussetzung, um im weltweiten Wettbewerb zu bestehen. Wer dies verstanden hat und sich heutzutage seinen Spaß an seiner beruflichen Tätigkeit erhalten will, hat einfach keine Zeit, darauf zu warten, bis er von irgend jemandem mit aktuellem Wissen gefüttert wird.

Wir Deutschen können unserem immer wieder kritisierten Staat täglich auf den Knien dafür danken, dass er uns einen derart bunten Strauß an Weiterbildungsmöglichkeiten bietet. Auf allen wirtschaftlich relevanten Gebieten, aber auch in den Geistes- und Naturwissenschaften bieten öffentliche und private Institute Möglichkeiten zur Bereicherung und Aktualisierung des eigenen Wissens an – und dies auch noch zu ausgesprochen günstigen Konditionen. Man muss nach Chancen zur Wissensauffrischung gar nicht lange suchen, man darf sie nur nicht ignorieren.

Natürlich bedeuten Weiterbildungsmaßnahmen gerade für Berufstätige monetäre und zeitliche Investitionen, doch sie bieten einen schnellen und mehrfachen »Return«. Mehr Wissen bringt schließlich nicht nur mehr Geld, sondern macht auch mehr Freude.

Die Alternative zur Weiterbildung ist die sukzessive Entwicklung zur Unfähigkeit, seinem Unternehmen dienen zu können. Wer darauf verzichtet, die gebotenen Chancen zu nutzen, sollte sich nicht wundern, wenn er wegen früher Fäulnis verkommt. Oder, um zum 16jährigen Halbstarken zurückzukehren, er hat ja einen Schuldigen für sein Unglück gefunden – doch erfrieren wird er.

1.13 DER UNTERNEHMER-»DENKTAG«

Wer heute nichts Neues lernt, der ist morgen für sein Unternehmen unbrauchbar. So einfach könnte man es sagen, wenn man nur pointieren will, wie bedeutend modernstes Wissen für die erfolgreiche langfristige Unternehmensentwicklung ist. Diese kurze Formel hat für Mitarbeiter und für Unternehmer in gleichem Maße ihre Richtigkeit. Ich konnte unverständlicherweise vor allem Inhaber kleinerer und mittlerer Unternehmen beobachten, die, wie so manche einfache Angestellte glauben, mit ihrem Grundwissen aus der letzten Schulklasse ewig auszukommen, und mit dieser Auffassung schnell aus dem Markt geflogen sind.

Unternehmer und speziell Gründer haben es wegen der Vielfalt und der Dringlichkeit der tagesgeschäftlichen Aufgaben schwer, auch nur wenige Augenblicke an etwas anderes zu denken als an den momentanen Handlungsbedarf. Zu leicht aber begeben sie sich, begründet mit der tatsächlichen Belastung, in die Gefahr, wichtige Veränderungen im notwendigen Wissen oder auf dem Markt rechtzeitig zu erkennen und versäumen dadurch notwendige Anpassungsmaßnahmen. Einige Methoden, um nicht in der Hektik der Gegenwart zu verrotten, habe ich selbst gern wahrgenommen. Sie empfehle ich hier mit bestem Gewissen weiter.

Schreiben Sie sich selbst mindestens einen Tag pro Monat krank, denn wenn sie krank wären, könnten sie auch nichts erledigen. Ich habe seit Jahren meist zwei Arbeitstage pro Monat im Kalender als sogenannte »Denktage« eingetragen und alle anderen Termine gestrichen. Solche geistigen »Auftankzeiträume« werden umso dringlicher, je weniger man glaubt, sie sich leisten zu können. Ob nun strategische Überlegungen, das Studium von Fachzeitschriften, ein Messebesuch oder Weiterbildungsmaßnahmen die Stunden füllen, ist situativ abzuwägen. Wichtig ist jedenfalls das durch den »Denktag« vital gehaltene Bewusstsein der stets latenten Gefahr, vom eigenen Tagesgeschäft erdrückt zu werden.

Weiterbildung im Sinne des Erhalts der Führungsfähigkeit heißt nicht zwangsläufig, ausschweifende theoretische Seminare zu besuchen, sondern einfach seine berufliche und auch gesellschaftliche Umwelt wahrzunehmen, zumndest aber, sie nicht ganz aus dem Auge zu verlieren. Mitgliedschaften und Engagements in Berufsorganisationen oder in branchenübergreifenden Unternehmerverbänden bieten sehr qualifizierte Möglichkeiten, sich geistig wach und rege zu halten. Allein schon der dabei gebotene meist ungezwungene Austausch von Erfahrungen unter Gleichgesinnten kompensiert den zeitlichen und materiellen Aufwand bei weitem. Aber auch die in den meisten Verbänden und Vereinen gebotenen praxisbezogenen Vorträge von Fachleuten bringen wichtige und oft schnell umsetzbare Erkenntnisse. Mich selbst reut beispielsweise keine einzige Sekunde, die ich als Mitglied, als Regionalkreisvorstand oder als Landesvorsitzender der ASU (Arbeitsgemeinschaft selbständiger Unternehmer) verbracht habe. Neben dem echten Wissenszuwachs bauen sich fast automatisch auch sehr nützliche Beziehungen auf und aus.

Bei der »Denktag«-Nutzung zur eigenen Weiterbildung kommt ein ganz wichtiger politischer Aspekt hinzu. Verbände mit interessierten, engagierten Mitgliedern gewinnen mit jedem zusätzlichen Getreuen überproportional an Einfluss in der Vertretung unternehmerischer Interessen. Dass das so oder anders gewonnene Wissen zu Wettbewerbsvorteilen und damit zu höheren Gewinnen des Unternehmens führt, bedarf keiner weiteren Begründung.

1.14 UNTERNEHMERISCHE FREIHEIT ODER »DER ZAUBERLEHRLING«

Die Freiheit des Unternehmers hat teilweise undeutliche, verschwommene, sich jeden Tag ändernde Grenzen, deren Überschreitung sich aber in der Regel als folgenschwer herausstellt. Speziell in dynamischen Unternehmen ergeben sich immer wieder Situationen, in denen sich persönliche Neigungen und marktgegebene unternehmerische Notwendigkeiten konträr begegnen. Nicht selten führt die Nutzung der persönlichen Freiheit mit dem Ziel des Erhalts oder der Steigerung des persönlichen Wohlbefindens zur Schädigung des Unternehmens. Würde der bediente Markt ausschließlich aus von uns abhängigen Kunden bestehen, dann wäre die eine oder andere gemütliche Wachstums- oder Erholungspause nach Gutdünken des Unternehmers sicher ohne große negative Folgen durchzustehen.

Aus so genüsslichen, selbstgenehmigten Träumen wurde schon mancher Schläfer unsanft wachgerüttelt, oder er ist je nach Intensität und Dauer der rationalen Schwächephase auch daran gestorben. Monopolismus ist ohnehin kaum einem Anbieter von Produkten und Leistungen vergönnt, so dass er sich darauf einzurichten hat, in einer funktionierenden Marktwirtschaft auf äußerst dankbare Wettbewerber zu treffen, die jede noch so kleine Laschheit des freiheitlichen Träumers umgehend zur Kenntnis nehmen und auch die kleinste Schwäche lustvoll in eine eigene Stärke verwandeln.

Nicht besuchte Kunden werden beispielsweise von den »Kollegen« der Konkurrenz gemeinhin mit besonderer Liebe verwöhnt. Liegengebliebene, verzögerte Produktneuentwicklungen ebnen der Kreativität des Wettbewerbs den Weg. Im »freiheitlichen Traum« versäumte Rationalisierungen der Produktion oder der Verwaltung führen schnell zu Kostenvorteilen der Konkurrenz. Viel schneller als vermutet, sind die ursprünglichen Stärken verspielt.

Die aufkommenden Schwächen zeigen sich in Auftragsnot, in fallenden Margen, aber auch in deutlich spürbaren Motivationsverlusten in der Mitarbeiterschaft. Welcher wirklich qualifizierte Mitarbeiter hat schon Spaß daran, für einen Verlierer tätig zu sein. Die besten wandern schnell ab. Demzufolge zeigt der Markt auch im Personalwesen gerechte, wenn auch grausame Konsequenz.

Sehr beschränkt ist sie also, die viel gerühmte unternehmerische Freiheit. Ihre willkürliche Missnutzung endet meist tödlich. Dass Stillstand Rückschritt und Ende bedeuten, wird oft als schwer verständlicher Scherz abgetan, beweist sich aber in der unternehmerischen Praxis täglich. Nur der stets vorwärtstreibende, seine Wachstumschancen nutzende Unternehmer überlebt im Wettbewerb dauerhaft. Oft kam es mir auch vor, als sei ich der berühmte »Zauberlehrling«, dem es aufgrund einer falsch genutzten Freiheit nicht mehr gelingt, den unbändigen Wasserkübel wieder zur Raison zu bringen. Fremde, gewaltige Mächte, wie sie jeder lebendige Markt vielfältig zeigt, zwingen ihm, dem Zauberlehrling, ihren Willen auf. Zumindest so lange, bis er selbst ein Meister wird, der die Zauberformel kennt und sie auch anzuwenden versteht. Für den Unternehmer heißt diese Formel, dass Freiheit ohne entsprechende Disziplin und ohne Respekt vor den Bedürfnissen seiner Umgebung in die Katastrophe führt.

2. DIE RAHMENBEDINGUNGEN

2.1 GEWERKSCHAFTER - TARIFVERTRÄGE - MITTELSTÄNDLER

Da sollen zwei grundverschiedene Typen von Menschen miteinander Verträge schließen, die für alle von ihnen vertretenen Mitglieder und unabhängig von aktuellen Situationen rechtliche Gültigkeit haben und deren praktische Wirkung zudem weit über die Mitgliedschaften hinausreicht.

Der durchschnittliche Gewerkschafter lebt in der und von der Solidarität einer Standesvertretung. Er profiliert sich in der Regel durch unkritisches, aber lautes Nachsingen vorgekauter Klassenkampf-Parolen und ist nur in Details eigenständig und eigenwillig. Seine größte Sorge gilt dem umfassenden Erhalt seines Funktionärstums.

Der durchschnittliche Mittelständler ist fleißig, hat Selbstvertrauen, fachliches Können und ist notwendigerweise eigenwillig. Er lässt sich schwer in die Zwänge von Gemeinschaftslösungen einbinden. Wenn er sich engagiert, dann für sein Unternehmen. Wenn er etwas sagt, dann im Interesse seines Unternehmens und im Interesse der darin beschäftigten Mitarbeiter.

Dem flexiblen Individualisten liegt daran, geschaffene Regeln für das eigene Unternehmen so situativ wie möglich auszulegen und handhaben zu können. Die Gleichmacher aber fordern die strikte Anwendung aller Regeln in jedem Fall und ohne Ausnahmen. Die Kontrolle und das Ertappen von Abweichlern fällt so viel leichter. Bislang hatten die Gleichmacher die Oberhand – mit der Folge, dass in kritischen Situationen Mitarbeiter entlassen und Betriebe geschlossen wurden, nur weil eine Aufweichung der Tarife, auch nicht bei Zustimmung der betroffenen Mitarbeiter, undurchführbar war. Gegen die Interessen der Vertretenen wurde oftmals blinde und dümmliche Funktionärsmacht ausgeübt. Die zum Schutz für

Mitarbeiter erdachten Regeln haben sich in solchen Fällen durch Missbrauch krass gegen die zu Schützenden gerichtet.

Gott sei Dank hat die Zahl der Arbeitslosen und der daraus resultierende Druck auf die Gewerkschaften diese dazu bewogen, sich ihrer ursprünglichen guten Aufgabe zu erinnern, die Interessen ihrer Mitglieder zu vertreten – und nicht ihre eigenen. Wenn es den Gewerkschaften gelänge, nicht die lautesten und nur körperlich Größten zu ihren Sprechern zu küren, sondern zweifellos vorhandene feinsinnige, volkswirtschaftlich gebildete und flexible Mitglieder, dann wäre es sehr viel leichter, beidseitig und auch volkswirtschaftlich erträgliche Verträge zu schließen.

Einen großen Beitrag zur Verbesserung der Verhandlungsqualität können auch die Unternehmer selbst leisten. Nämlich dann, wenn sie in ihren Betrieben dafür sorgen, jene Kandidaten für die Betriebsratsposition zu unterstützen, die wissen, dass es Mitarbeitern solange gut geht, wie das Unternehmen wettbewerbsfähig bleibt. Mit diesem Hintergrundwissen bedacht, sollten auch ihre Forderungen an das Unternehmen und an die Gewerkschaften formuliert sein.

2.2 MITTELSTAND - EINE DEUTSCHE LUST UND PLAGE

Es gibt kaum eine Tagesschau oder eine »Heute«-Sendung, in der nicht Politiker, Verbandsvertreter oder Kommentatoren das Wort »Mittelstand« benutzen, um sich bei denen, die sich hinzurechnen dürfen, Sympathien zu erschleichen. Aber ich kenne keinen, der vor seiner beifallsheischenden Äußerung zu erklären versucht, was oder wen er eigentlich damit meint. Wird darunter der Bürger mit mittleren Einkommen verstanden oder der selbständige Unternehmer von 0 Euro Umsatz bis zu einigen Milliarden? Oder jeder, der sich seine Existenz außerhalb großer Organisationen sichert, also auch alle Berater und jeder Zahnarzt?

Es beeindruckt mich immer wieder, mit welcher Inbrunst vor allem Politiker vom Mittelstand schwärmen, wie unverzichtbar er für eine funktionierende Volkswirtschaft sei, »dieser Quell aller Innovationen dürfe keinesfalls versiegen«. Er sei der Garant für inländische Beschäftigung und außerdem bilde er zuverlässig aus. Man müsste ihn deshalb unbedingt fördern. Gern verspricht der gerissene Politiker an dieser Stelle auch irgendwelche verführerischen Subventionen, da er sich durch positive öffentliche Äußerungen erhofft, von dem beim Mittelstand vermuteten Geld etwas für seinen nächsten Wahlkampf abzubekommen.

Leider kenne ich keinen Politiker, der sich, nachdem die Mikrofone abgeschaltet sind, noch um das zu kümmern gedenkt, was er gerade verlautbart hat. Nachdem ich mich selbst einige Zeit ehrenamtlich für die natürlichen Interessen selbständiger Unternehmer (also einen unbestrittenen Teil des Mittelstands) eingesetzt habe, kenne ich die Widerstände gegen aufmüpfige Mittelständler gut. Seine engagierten Vertreter werden als lästige Störenfriede klein und ruhig gehalten, weil sie mit ihren ordnungspolitischen Forderungen die wirtschaftliche Macht der Politik beschränken wollen.

Selbständige Unternehmer wollen die Sicherung ihrer Existenz durch ihre eigene Leistung mit wenig Fremd- und Staatseinfluss selbst in die Hand nehmen. Sie wollen für sich selbst verantwortlich entscheiden und handeln. Sie verzichten gern auf Staatsalmosen in Form von Subventionen, wenn ihnen der überwiegende Teil des meist hart erarbeiteten Einkommens zur Weiterentwicklung ihrer Betriebe verbleibt. Sie entwickeln ihre Unternehmen gern zu blühenden Gebilden, in denen es ihnen ein natürliches Bedürfnis ist, Menschen zur Bewältigung ihrer Aufgaben zu beschäftigen und auszubilden. Das aber können sie nur, wenn sie in der Lage sind, ihre unternehmerischen Entscheidungen auf der Basis der jeweiligen Marktsituation und der wirtschaftlichen

Gegebenheiten des Unternehmens zu treffen und nicht gezwungen sind, im Rahmen vollkommen sinnloser wettbewerbsschädlicher staatlicher Verordnungen zu manövrieren.

Liebe Politiker und sonstige Funktionäre: Bitte erleichtern Sie es den Mittelständlern, daran zu glauben, dass Sie wirklich wissen, wovon Sie reden, wenn Sie das Wort »Mittelstand« in den Mund nehmen, und bitte definieren Sie, wen Sie eigentlich meinen, wenn Sie wichtigtuerisch darüber reden. Bitte fördern Sie ihn, den gelobten Mittelstand durch Ihre Enthaltsamkeit und nicht durch fürchterlichen Aktionismus.

2.3 PATRIOTISMUS UND FLUCHT DER UNTERNEHMER

Unter vielen anderen rotpolitischen Negativerscheinungen der Regierung Schröder würgt mich diese am heftigsten: Der deutsche Unternehmer sei ein Vaterlandverräter, weil er nicht mehr gern in seinem Heimatland investiert, sondern sonstwo auf der Welt. Ich frage mich, was diese populistischen Opportunisten noch alles zu Tage fördern, um den ohnehin nicht verwöhnten Unternehmern, vor allem den vielen Anständigen unter ihnen, in diesem Lande jede Freude und jeden Stolz daran zu vergällen, hier noch irgendwas zu unternehmen. Es ist die Aufgabe des Unternehmers, Produkte und Leistungen anzubieten, die der Markt freiwillig aufnimmt. Um also im Markt – und der umfasst nun mal die Welt – wettbewerbsfähig zu bleiben, muss er seine Produkte zu bestmöglichen Konditionen erzeugen. Entwicklung, Produktion, Einkauf und Logistik sowie Verwaltung und Vertrieb müssen so organisiert sein, dass die Angebote des Unternehmens unter Konditionen erzeugt werden können, die angemessene Gewinne ermöglichen. Wenn die von den Populisten immer so bissig neidvoll angesehenen Gewinne nicht entstehen, kann das Unternehmen auf Dauer überhaupt nicht investieren und natürlich auch nirgendwo Menschen beschäftigen.

Wenn nun diese von allen noch so roten Seiten Stimmen sammelnden Regierungsparteien nicht in der Lage sind, die Rahmenbedingungen so zu gestalten, dass man in diesem Land gern investiert und Menschen gern beschäftigt, dann sollten sie wenigstens nicht die Schuld auf jene schieben, die aus der Natur ihres existentiellen Anliegens heraus, gern investieren und zur Realisierung ihre Ideen auch Menschen gern beschäftigen würden. Die unglaubliche Verlogenheit der hier stets vorgebrachten sozialen Gerechtigkeit entspringt nur dem Diktat des Proletariats, wie es von den Gewerkschaftsfunktionären zum eigenen Machterhalt und von den Dümmlichen unter den Linken betrieben wird. Es war genau dieser Geist, der uns derzeit regierenden roten Mächte, der in beispielhafter Weise in der ehemaligen DDR bewiesen hat, wohin diese Art der sozialen Gerechtigkeit führt – in eine breite Armut und Unzufriedenheit sowie in den Konkurs des Staates.

Warum eigentlich gibt es bei uns keine Maggie Thatcher? Sie hat mit eiserner Faust, aber im Regelwerk der Demokratie bewiesen, dass ein Land ohne die ständig negative Einflussnahme der Gewerkschaften von einem tiefen ökonomischen Sumpf zu einer blühenden Wiese mutieren kann. Warum hat denn keiner der vom »Volk gewählten Vertreter der Volksinteressen« den Mut, seine rhetorischen Fähigkeiten und sein volkswirtschaftliches Wissen zu benutzen, um laut und deutlich vorzutragen, dass die Lust zu investieren bei potentiellen ausländischen und inländischen Geldgebern nicht erstreikt oder erdemonstriert werden kann, um darüber hinaus klar zu formulieren, dass derartiges Verhalten jedem Investor Panik in die Seele treibt.

Deutsche Unternehmer, die heute im Ausland investieren, retten mit diesem Schritt die in unserem durch sozialistische Ketzer versauten Land noch zu rettenden Arbeitsplätze, weil sie mit ihren verbliebenen Mitteln ihre Produkte wettbewerbsfähig gestalten – und haben eher Lob als plumpe Verleumdung verdient.

2.4 PLUS 6,5 % - DIE GEWERKSCHAFTEN UND DIE KAUFKRAFT

Jetzt ist es also raus, die Metaller gehen mit einer klar definierten, nach vielen Seiten hin abgewogenen, also gut begründbaren Forderung in die Tarifauseinandersetzungen. 6,5 % seien bei weitem nicht soviel, wie es eigentlich sein müsste, und daher schon mehr als kompromissbeladen. Die Zeit der Zurückhaltung sei endgültig vorbei. Es habe sich nicht bewährt, sinnvoll, also im Rahmen der volkswirtschaftlichen Leistungszunahme, zu fordern. Undankbar seien die Unternehmer gewesen, denn sie hätten trotz so großartig nachgewiesener Vernunft der Gewerkschaften nicht genügend Arbeitsplätze geschaffen. Die Mitglieder seien sauer wegen so lange andauernder Forderungsaskese. Man müsse endlich etwas in der Tasche Spürbares tun. Zudem seien diese Forderungen natürlich ohnehin das einzige Mittel, um die Kaufkraft zu stärken und die lahme Konjunktur anzuheizen.

Soviel bodenlose Falschheit, Dummheit oder Frechheit in der Argumentation will erst einmal verdaut sein, bevor man beginnt, sich dagegen zu wehren. Wann endlich wollen die Herren Genossen verstehen, dass die Wahrnehmung der Interessen ihrer Mitglieder nicht darin bestehen kann, den Standort Deutschland für in- und ausländische Investoren durch vielseitige und mächtige Überforderung endgültig zu demolieren.

Es wäre gut für die Mitglieder, wenn sich die Herren Genossen von ihren vor 100 Jahren auswendig gelerntem klassenkämpferischen Getöse lösen könnten und ernsthaft an der Wettbewerbsfähigkeit deutscher Produkte auf dem Weltmarkt mitarbeiten würden. Wenn die Herren Genossen etwas mehr im Kopf hätten als das krampfhafte egoistische Interesse, das um nichts anderes als um ihr bequemes Funktionärsleben kämpft, würden sie mitdenken und an der Entrümpelung der investionsabschreckenden Sozialgesetzgebung mitarbeiten, die am meisten gegen diejenigen wirkt, die sie doch eigentlich schützen soll.

▶ Sie würden mitwirken an einer breiten Entlastung im Hinblick auf Steuern und Auflagen speziell für den Mittelstand.
▶ Sie würden Lohnforderungen im Rahmen des Zuwachses des inflationsbereinigten Sozialproduktes stellen.
▶ Sie würden auch von sich aus auf die einzelbetrieblichen Notwendigkeiten eingehen und nicht alle Unternehmen über einen brüchigen Einheitskamm scheren.
▶ Sie würden ihre Mitglieder fair und umfänglich über die großen Vorteile, aber auch über die Konsequenzen für alle Beteiligten des Lebens in der sozialen Marktwirtschaft aufklären.
▶ Sie würden den Mitgliedern ehrlich erklären, dass gute Arbeitsplätze dort entstehen, wo sich gute Unternehmen gerne ansiedeln, weil sie unternehmensfreundliche Konditionen antreffen.
▶ Sie würden ihren Mitgliedern in verständlicher Sprache erklären, dass Deutschland deshalb in Europa wachstumsmäßig die rote Laterne trägt, weil sich verfügbares investitionswilliges Kapital wegen starker kapitalfeindlicher Kräfte scheut, sich bei uns anzusiedeln.

In diesen Zusammenhang stimmt mich nur friedlich, dass immer mehr Gewerkschaftsmitglieder die Zusammenhänge klar erkennen oder, weil sie frei von Funktionärsinteressen leben, ehrlicher damit umgehen. Sie ziehen die Konsequenz und zeigen, dass sie nicht mehr willens sind, mit ihren Beiträgen ihre Spitzenfunktionäre zu finanzieren – und treten aus. Herzlichen Glückwunsch!

2.5 BÜNDNIS FÜR ARBEIT

Als ich das Schlagwort zum ersten Mal im Ohr hatte, glaubte ich, dass es sich schnell überleben und in der Mülltonne für sozialpolitische Wortprägungen landen würde. Doch immer wieder greift es ein in wirtschaftliche Erklärungsnot geratener Politiker oder Funktionär auf, um damit bei irgendeiner Zielgruppe Punkte zu sammeln. Dass sich Politik, Gewerkschaften und Unternehmerverbände unter einem solchen Slogan um Arbeitsplätze bemühen, ist sicher ehrenhaft, muss aber zwangsläufig zu Enttäuschungen führen, weil sich die Rahmenbedingungen durch nett gemeinte Gespräche bekanntlich nicht im wesentlichen ändern. Die einzige Methode, um in einer Region Arbeitsplätze zu schaffen, ist die Gestaltung von Konditionen für Arbeit und das eingesetzte Kapital, die es erlauben, auf dem Weltmarkt erfolgreich in den Wettbewerb einzutreten. Deutschland ist durch seine Regulierungsdichte und seine unmoralische Besteuerung sowie durch das erreichte Einkommensniveau für in- und ausländische Unternehmen unattraktiv geworden. Solange sich in diesen Grundelementen nichts Bemerkenswertes ändert, können sich die Vertreter der Bündnisteilnehmer zwar prima unterhalten, doch naturgeschaffene, solide Arbeitsplätze entstehen dadurch nicht.

Arbeitsplätze wurden immer von solchen Unternehmern geschaffen, denen es gelang, Produkte und Leistungen so verlockend anzubieten, dass der Markt sie gern und freiwillig aufgenommen hat. Es bedürfte keiner beifallsheischenden, künstlichen Bemühungen seitens der Politik oder der Gewerkschaften, wenn es gelänge, die Unternehmer durch Rahmenbedingungen zu motivieren, sich anzustrengen und gerade in diesem Lande ihre Betriebe aufzubauen und zu erweitern. Ich mag die opportunistischen Mahn- und Ermunterungsrufe an die Unternehmer nicht mehr hören. Ich kann aber im Gegenzug die Unternehmer verstehen, die sich um alternative Standorte bemühen, solange sie ausschließlich zum Prügelknaben jeder negativen Wirtschaftsentwicklung gemacht werden. Noch nie habe ich in Zeiten der Hochkonjunktur und der Vollbeschäftigung von einem Politiker oder einem Gewerkschaftler ein gutes oder anerkennendes Wort für außergewöhnliche Leistungen an die Adresse der Unternehmer gehört. Wenn es für die Volkswirtschaft gut läuft, dann baden die Funktionäre ausgiebig in dem keineswegs durch ihr Bestreben ausgelösten Erfolg. Läuft es aber schlecht, begnügt sich die Politik mit Feigenblattmaßnahmen, die nur einige Großkonzerne erfreuen. Zugleich werden mittelständische Unternehmer im Einklang mit Gewerkschaften gescholten, weil sie angeblich zu wenig investieren und keine neuen Arbeitsplätze schaffen.

Wie schlicht im Geiste oder wie faul im Denken muss eigentlich jemand sein, dem nicht in den Kopf will, dass Unternehmer liebend gern investieren und Mitarbeiter beschäftigen, wenn sie ihre Produkte und Leistungen in ausreichenden Mengen verkaufen können? Es ist schließlich das natürlichste Interesse aller Unternehmer, erfolgreich auf Märkten zu agieren und daraus Gewinne zu erzielen. Dabei sollte jedermann einleuchten, dass Unternehmer nur dort investieren und Arbeitsplätze schaffen, wo sie nicht nur ab und zu, und wenn, dann nur verbal, willkommen sind, sondern auch Bedingungen haben, unter denen sich Aufwand und Risiko lohnen. In diesem Sinne wünsche ich den Teilnehmern des »Bündnis für Arbeit« weiterhin eine »angenehme Unterhaltung«.

2.6 MITTELSTANDSFEINDLICHE RAHMENBEDINGUNGEN

Es ist wirklich zu bedauern, mit welcher Leichtigkeit die Politik alles in ihrer Macht stehende unternimmt, um die Freude an der Selbständigkeit zu ruinieren, und sich außerdem noch hinterhältig und lustvoll darin ergeht, den Mittelstand aus wahl- und spendentaktischen Gründen hoch zu loben.

Zu den vielseitigen Einengungen der zum erfolgreichen Unternehmertum erforderlichen Freiräume gehört natürlich die unmoralische und eigenkapitalraubende Höhe der Einkommen- bzw. Körperschaftsteuern in unserem Land. Sie bestraft den leistungs- und risikowilligen Unternehmer, und sie reduziert die Wettbewerbsfähigkeit hiesiger Unternehmen im internationalen Vergleich. Ähnlichen Raubbau an unternehmerischer Freude betreiben die vielfältigen gesetzlichen Bestimmungen, Zutrittsbarrieren, behördlichen Auflagen und die unnötig langen Bearbeitungszeiten in Ämtern. Den Gipfel dieser den Geist der Selbständigkeit ignorierenden Regulierungsfreude bildet das seit Anfang 2000 geltende Gesetz zur Förderung der Selbständigkeit. Stolz blickt wieder einmal eine Menge Politiker auf ein von ihnen geschaffenes Werk, das das Regulierungsgeflecht weiter verdichtet.

Wäre es nicht wunderbar, wenn sich endlich Politiker fänden, die stolz darauf wären, solche Gesetze zu eliminieren, die der Freude an der Selbständigkeit im Wege stehen? In der Natur der Sache bzw. unserer parlamentarischen Demokratie liegt es freilich nicht, dass sich die Parlamentarier, die von der Masse des Volkes in ihre nicht unbequemen parlamentarischen Sessel gewählt werden wollen, für die Interessen von Minderheiten, wie die der Selbständigen, verwenden. Um Unternehmer mit Herz und Engagement politisch wirksam zu vertreten, bedürfte es Zivilcourage und auch unter den Abgeordneten weniger Neid auf das bei Unternehmern teilweise vollkommen falsch vermutete Geld. Doch auch die selbständigen Unternehmer müssten sich etwas aus ihrer politischen Askese befreien. Sie müssten Zeit und Mut einbringen, um ihre eigenen Interessen zu formulieren und sie in attraktiver oder jedenfalls unüberhörbarer Form an Politiker zu transportieren.

Woher sollen denn die in unseren Parlamenten sitzenden Beamten, Lehrer und Politwissenschaftler ihre Argumente für eine positive Diskussion nehmen, wenn wir sie ihnen nicht schön aufbereitet in öffentlich verkaufbarer Form liefern? So rufe ich uns Unternehmer immer wieder auf, uns nicht damit zu begnügen, im eigenen Wohnzimmer vor ohnehin Meinungsgleichen an den beschwerlichen Gegebenheiten herumzumäkeln. Damit leisten wir jedenfalls keinen Beitrag zur Verbesserung zu Recht beklagter, widriger Umstände.

2.7 STEUERREFORM - VIEL STAAT BRAUCHT VIEL STEUERN

Mit Vergnügen säße ich in der Schweiz und würde belustigt zusehen, wie sehr sich die sonst so allwissenden Deutschen in ihren unendlichen Diskussionen über Steuerreformen wirtschaftlich so quälen, dass es allen anderen Industrienationen zu Freude und Vorteil gereicht. Unser Steuersystem ist schlicht und einfach unmoralisch und dumm, weil es glaubt, den Menschen, denen es gelingt, durch Engagement und Können gute Einkünfte zu haben, weit über 50 % des Einkommens stehlen zu können, ohne dass dies Auswirkung auf die Lust der Tüchtigen hätte.

Die Folgen dieser unmoralischen, unklugen Staatsbereicherungs- und -versorgungssytematik liegen auf der Hand. Investoren, inländische wie ausländische, überlegen, ob sie ihr hart verdientes Geld in dieses Land investieren wollen und ob sie in diesem Land Arbeitsplätze schaffen wollen oder ob sie lieber nach Standorten suchen, die sich als dankbarer und weitsichtiger erweisen.

Spitzenverdiener suchen sich Scheindomizile im Ausland. Anlegbares Geld flieht vor der Besteuerung auf Auslandskonten. Lust auf Leistung haben nur noch einige verbliebene Idealisten. Wen wundert es da, wenn wir hier in einem Land mit eigentlich allerbesten Voraussetzungen lediglich noch wegen unserer vielen Menschen ein interessanter Standort sind und somit vorrangig nur als Absatzmarkt in Betracht kommen. Unsere Voraussetzungen sind deshalb so gut, weil es kaum eine Nation gibt, die mit dem hohen Intelligenz- und Ausbildungsniveau mithalten kann. Das hier praktizierte Steuersystem zwingt erfolgreiche Menschen jedoch dazu, einen nicht unerheblichen Teil ihrer Fähigkeiten dafür einzusetzen, die bestehenden Gegebenheiten legal oder auch illegal zu umgehen oder ihnen ganz zu entfliehen.

Hauptleidtragende sind zweifellos die anständigen, in diesem Land arbeitenden, zu Recht gut verdienenden Leistungsträger und – die arbeitswilligen Arbeitslosen. Wo nicht gern investiert wird, kann nicht mehr wettbewerbsfähig produziert werden, so dass auch ehemals interessante Arbeitsplätze sterben. Die hohen, entmutigenden Steuersätze werden deshalb gebraucht, weil der Staat sich in allen Belangen zu wichtig fühlt und sinnlos viel Geld braucht und verschwendet. Der Staat sollte sich endlich auf Aufgaben beschränken, die ihm in einer freiheitlichen Gesellschaft gebühren. Soll er doch dem Wettbewerb eine echte Chance geben und die Wettbewerbsfähigkeit seiner Unternehmen durch eigene Enthaltsamkeit stützen. Er soll endlich damit aufhören, jeden Tag neue Gesetze zu diskutieren, zu beschließen, einzuführen und zu überwachen. Jedes neue Gesetz engt die Bürger ein, nimmt ihnen das Gefühl der Freiheit, und jedes neue Gesetz kostet den Staat vollkommen unnötig Geld, das er sich dann wieder vom Steuerbürger zurückstehlen muss.

Wenn ich sehe, wie steuerglücklich die Schweizer Bürger sind, wie die Schweizer Industrie aus selbsterzeugten Gewinnen Kapital schaffen kann, wie wenig Schweizer Bürger und Manager darüber nachdenken, ihrem Staat ein steuerliches Schnäppchen zu schlagen und wie stolz sie auf die Modernität ihrer Industrie sein können, dann bedauere ich fast, zu den Anständigen in Deutschland zu gehören. Und übrigens: Was Arbeitslosigkeit ist, wissen nur die Schweizer, die mit Deutschland zu tun haben.

2.8 MITTELSTAND - DER HOCH GELOBTE PRÜGELKNABE

Der durchschnittliche Mittelständler ist fleißig, ehrgeizig, etwas unbequem, individuell und stark an sein Unternehmen gebunden. Er nimmt sich wenig Zeit und zeigt wenig Neigung, sich politisch zu engagieren. Auch hat er meist nicht genug Geld, um politische Entscheidungen mit Spenden in seinem Sinne zu beeinflussen. Er nimmt sich gerade noch Zeit, um bei Gleichgesinnten auf die Regierung zu schimpfen. Dies reicht aber natürlich nicht aus, um eine mittelstandsfreundliche Politik zu erzwingen. Daher hat er zu dulden, was die Politik gegen ihn im Schilde führt.

Der durchschnittliche Politiker ist Opportunist und Stimmensammler. Er erwähnt und lobt den Mittelstand mindestens dreimal pro Rede, nimmt aber lieber die großen Summen der Großindustrie als Basis seiner Meinungsbildung und Handlungsweise. Das Einsammeln kleinerer Almosen, wie sie von den Mittelständlern zu erwarten sind, macht doch viel zuviel Arbeit, wobei auch der Dank für politisches Bemühen bei kleineren und mittleren Unternehmen bei weitem nicht so konzentriert wie bei den Großen ist.

Es scheint so, als dürfte der Mittelstand zwar immer wieder den politisch erzeugten konjunkturellen Mist beiseite räumen, während man die hinter dem Mittelstand, dem volkswirtschaftlichen Leistungsträger Nummer eins, stehenden Menschen ganz schnell vergisst, wenn es um die zählbare Anerkennung in Form steuerlicher und subventionspolitischer Gleichbehandlung geht. Der Mittelstand trägt selbst mit Schuld daran. Könnten die Unternehmer nämlich ihre politische Zurückhaltung oder Feigheit, ihre manchmal übergroße Individualität und ihre unnötige Geheimniskrämerei überwinden, wäre auch mehr Respekt von der Politik zu erwarten und eine günstigere Mitgestaltung der Rahmenbedingungen möglich.

Eine Organisation wie die Arbeitsgemeinschaft Selbständiger Unternehmer (ASU), die sich die politische Vertretung von Unternehmern auf die Fahne geschrieben hat, konnte in der Vergangenheit einige noch schlimmere Fehlentwicklungen verhindern. Sympathisch an der ASU ist, dass dort leibhaftige Unternehmer das Sagen haben und nicht angestellte Funktionäre. Die industriellen Großverbände neigen in der Regel sehr zu politischer Kumpanei und vertreten eben auch die Großindustrie mit mehr Herzhaftigkeit als den Mittelstand.

Wenn mittelständische Unternehmer mehr erreichen wollen als nur Zugpferde zu sein, denen man von Staatsseite gerade soviel Futter zubilligt, dass sie nicht streiken, dann müssen sie ihren Individualismus etwas lassen und sich viel stärker als bisher solidarisieren. Wobei es bei Verbänden wie der von mir jahrelang so geschätzten ASU darauf ankommt, dass an ihrer Spitze keine voll gesättigten Altunternehmer sitzen, sondern veränderungswillige, geistvolle Standesvertreter, die der wichtigen Ziele wegen auch die eine oder andere Unbequemlichkeit ertragen können.

2.9 STAAT UND BANKEN - DIE BREMSER DER UNTERNEHMER

Ehrgeizige und kompetente Menschen, die ihr eigenes Geschäft betreiben oder betreiben wollen, sind auch in Deutschland nicht knapp, aber sie sind inzwischen richtig sauer. Mittelständler sind von Politikern und Volkswirten stets begehrte, umschwärmte und hoch gelobte Teilnehmer am Wirtschaftsgeschehen unseres Landes. Dies aber nur, solange sie die höchsten Steuern zahlen, fleißig arbeiten und noch mehr Steuern zahlen sowie den Politikern möglichst Spenden zuführen und ansonsten schweigen.

Politiker mit ihren wahlstimmenheischenden Sozialisierungsprogrammen und den damit ausgelösten Bewegungseinengungen für Mittelständler haben es schon manchem unternehmerisch denkenden und handelnden Menschen vergällt, in diesem Land eine erträgliche selbständige Existenz auf- oder auszubauen.

Seit ein paar Jahren gesellen sich zu den staatlichen »Unternehmertum-Behinderern« auch noch die Banken hinzu. Gut ausgestattet mit Ausreden, wie sie das inzwischen zum Schimpfwort gewordene »Basel II« erlaubt, bringen sie nun Unternehmer immer mehr in die Situation, sich nach anderen Geldquellen umzusehen oder zu sterben, da sie die Marktchancen mangels Kapital nicht mehr bedienen können.

Ich halte die Unternehmensfinanzierung derzeit für das gravierendste Problem deutscher Unternehmer. »Private Equity« hängt zwar wie eine übervolle regenversprechende Wolke über unserem Land, aber sie will sich nur sehr, sehr selektiv dort entleeren, wo Wasser gar nicht so dringend nötig ist, wo die Vegetation also schon blüht. Und wenn sich die wetterbestimmmenden Herren des »Private Equity«-Geschäfts zu einer Bewässerung entschließen, dann unter solchen Mitbestimmungsauflagen, dass sich der tüchtige kreative Mittelständler fragt, wo denn bei dieser Finanzierungsart der Einfluss auf sein eigenes Unternehmen verbleibt.

Es wird zwangsläufig zu einer radikalen Ausdünnung unter den Menschen und den zugehörigen Unternehmen kommen, von denen es bislang immer hieß, sie seien die tragende Säule der tollen deutschen Volkswirtschaft. Unzählige, immer wieder präsentierte Statistiken belegen überzeugend, wie bedeutend die Leistungen der selbständigen Unternehmer für das Steueraufkommen, für die Beschäftigung und eben für die Volkswirtschaft sind. Trotzdem vereinen sich die stärksten Kräfte der Nation, Politik und Banken, um diese gepriesene Quelle der Freude zu vergiften.

Es ist gut, dass sich die »Venture Capital«-Szene in Deutschland in den letzten zehn Jahren einigermaßen entwickelt hat, so dass Alternativen zur Verfügung stehen. Kenner meinen, sie sei bereits überbesetzt. Meine Hoffnung besteht darin, dass sich die Wirkungen des 2000er Schocks langsam lösen und dass sich die eine oder andere Gesellschaft wieder darauf besinnt, was »Venture« bedeutet. Es steht für das Mittragen unternehmerischer Risiken, also nicht für den Ausschluss jeden Risikos durch fast unüberwindbare Eintrittsbarrieren. Von den Politikern wünsche ich mir illusorischerweise, dass sie endlich aufhören, das Wort Mittelstand zwischen ihre Zähne zu nehmen. Ich kann soviel Falschheit nicht mehr ertragen. Den Banken wünsche ich, dass sich die derzeitige Distanz zur Unternehmensfinanzierung irgendwann für sie rächt.

2.10 WO LANDET DER MITTELSTAND, WENN SICH NICHTS ÄNDERT?

Wer ist er denn, der Mittelstand, wer definiert ihn denn so, dass man mehr mit ihm anfangen kann, als nur über ihn zu philosophieren oder zu theoretisieren, ohne genau zu wissen, was man eigentlich darunter verstehen soll. Ich verstehe darunter einen Menschen, der sich eigenverantwortlich durch eigene Leistung Wohlstand und ein unabhängiges Leben erarbeiten will. Es ist ein unternehmerisch denkender und handelnder Mensch, der gewillt ist, Überdurchschnittliches zu leisten und Risiken einzugehen. Seine Erwartungen sind einfach: Er will für sein eingegangenes Risiko und seine Leistung entsprechend honoriert werden.

Seine Motivation holt er sich aus seinen Chancen, sein Leben in Freiheit zu gestalten und durch die Anerkennung seiner Leistungen durch seinen Markt. Immer wieder finden sich junge, aber auch ältere Menschen, die gern die damit verbundenen individuellen Unbequemlichkeiten in Kauf nehmen, wenn sie nur an die Chance glauben können, die Früchte ihrer Anstrengung zu einem wesentlichen Teil auch für sich nutzen zu dürfen.

Die Politik der Neosozialwirtschaftler geht nun einen vermeintlich schlauen Weg, in dem man den Mittelständler bei jeder Gelegenheit wegen seiner nützlichen Tugenden lobt, ihm aber zugleich die Chance nimmt, den Lohn seiner Mühe auch zur eigenen Verfügung zu haben. Der Lohn seiner Leistungen wird über Zwangsabgaben vielfältigster Art in unmoralischer Höhe sozialisiert. Und was genauso schlimm ist, seine aufzubringende Leistung wird ihm zudem durch diverse Auflagen und Gestaltungshemmnisse erschwert. Die Herberge der Wirtschaft, also der Staat, bietet seinen zahlenden Gästen einen so miesen Wohnkomfort, dass sie bald schließen müsste, wäre sie nur einigermaßen ähnlichen Leistungsbedingungen ausgesetzt wie der Mittelständler selbst. Kein Mensch würde für eine solche Bude Übernachtungspreise bezahlen, wie sie der Staat verlangt.

Warum versteht denn die Politik nicht, dass auch Unternehmern qualifizierte Motivation wohl tut und sie stimuliert, ihr Bestes zu geben, wie jeden anderen Menschen auch? Motivation heißt für normal denkende, eigenverantwortliche Menschen aber nicht, dass die Wichtigkeit der Mittelständler von Zeit zu Zeit bei Sonntagsreden gepriesen wird oder dass mit großem Aufwand in Hochglanzprospekten dafür geworben wird, wie wohlgefällig sich der Staat verhält. Inzwischen habe ich diese offenbar auf gewaltige Dummheit der Mittelständler zählenden Programme des unternehmerfeindlichen Staates richtig hassen gelernt.

Ich kann mir nun nicht vorstellen, dass sich die Unternehmer als Verband, als Partei oder als Interessengemeinschaft gegen diese Falschheiten auflehnen werden. Sie arbeiten viel zu viel, um sich die Zeit zu nehmen, überbetrieblich wirklich wirksam tätig zu sein. Um ihr Unternehmen und ihre Ideen vor dem staatsbasierten Verfall zu retten, investieren sie im Ausland, müssen äußerst riskante Steuermodelle in Anspruch nehmen und verlagern ihre Wohnsitze sowie ihre gesamten unternehmerischen Aktivitäten in Gefilde, in denen ihre Leistungen wirklich anerkannt und nicht von Neidern und Parasiten zerstört werden.

Die Mächtigen in Deutschland und auch einiger EU-Partner wären bestens beraten, wenn sie sich nach ihren Leistungen im Hinblick auf die Schaffung dauerhafter unternehmensdienlicher Rahmenbedingungen honorieren ließen und nicht nach ihrem unsittlichen, unwahren Wahlgesäusel und nach der Zahl immer weiterer neuer Gesetze. Jedes Handels- und Steuergesetz ist ein neues Hemmnis gegen lebendiges Unternehmertum und ein weiterer Baustein zur unerträglichen Machtkonzentration bei und in der Politik. Ich jedenfalls sehne mich nach einem Staat, in dem sich bedrohte Minderheiten, wie Mittelständler eine sind, ihrer Missnutzung ernsthaft erwehren könnten, beispielsweise auch durch einen ausgerufenen und praktizierten Steuerstreik.

2.11 DER BUNDESMINISTER UND DER MITTELSTAND

»Zukunft Mittelstand« flattert mir da auf den Tisch: Eine bunte Broschüre, die breit verteilt wurde und nun endgültig in der Volksmeinung Ordnung schaffen soll. Absender und Kostenträger ist das Bundesministerium für Wirtschaft. Da glauben doch tatsächlich immer noch manche Unternehmer, dass alles, was die Regierung zum geliebten Thema von sich gibt, zwar gut, aber inzwischen sehr hohl klingt. Dass man ihn braucht, den Motor der Wirtschaft, aber ihn doch in der Praxis per Staatsdiktat durch Abwürgen ermordet, macht sich da als wählerstimmengefährdende Meinung breit. Dagegen muss man losziehen, denkt sich der Wirtschaftsminister und zwar mit Mitteln, die zwar Steuergelder kosten, aber keinerlei Änderungen der Unternehmer-, Entmutigungs- und Demotivationspolitik erfordern.

Ich wünsche mir nur, dass keiner der möglicherweise unbedarften Leser auf diese in der Schrift publizierten Selbstbeweihräucherungen hereinfällt. Mit floskelhaften Aufrufen und verführerisch klingenden Tätigkeitsnachweisen und verlockenden Photographien sollen junge Menschen überredet werden, sich in die Selbständigkeit zu begeben. Die vielseitig möglichen Finanzierungsinstrumente und alle anderen allzu gütigen staatlichen Unterstützungen werden angepriesen. Selbst »Basel II« wird als probates Instrument zur Sicherung der Kreditfinanzierung glorifiziert.

Dabei scheut man sich natürlich, die auf den Unternehmer zukommenden Belastungen des hoffnungslos überregulierten und überbesteuerten Unternehmertums in Deutschland auch nur anzudeuen. So kritische Einwürfe würden möglicherweise die ein oder andere Wählerstimme kosten. Man verschweigt,

> ▶ dass es in diesem Lande kleineren und mittleren Unternehmen kaum noch möglich ist, Eigenkapital aus eigener Kraft aufzubauen

▶ dass die Forderungen der Banken nach einer besseren Eigenkapitalausstattung nur über die Hereinnahme von mitredenden Kapitalpartnern möglich ist und dass damit eine der wichtigsten Motivationen zum Unternehmertum, nämlich die, »sein eigener Herr zu sein«, verschwindet, dass mit der Aufnahme mitsprechender Kapitalpartner Bürokratie auch in Kleinstunternehmen einkehrt und damit einen der wichtigsten Wettbewerbsvorteile des Mittelstandes zunichte macht.

Wann endlich fasst ein führender Politiker den Mut, sich ernsthaft mit dem »Wirtschaftswundermittel Mittelstand« zu befassen. Sich damit ernsthaft auseinanderzusetzen, was einen kleineren und mittleren Unternehmer, ein Unternehmen erfolgreich und damit auch soziabel macht. Es ist das Ausleben der eigenen Kreativität. Es ist der Wille nach Unabhängigkeit von willkürlicher Beurteilung der eigenen Leistungen durch einen oder wenige Menschen – also der Wunsch nach ausschließlicher Beurteilung der Leistung durch den härtesten »Rater« der Welt, den Markt.

Es ist sicher nicht die drohende sofortige Sozialisierung der Leistungshonorierung in unmoralischer Höhe durch das Staatsdiktat, die motivationsfördernd wirkt. Und es ist sicher auch nicht der Wunsch, sich in der vermeintlichen Selbständigkeit von neuen sogenannten »Partnern« Vorschriften über Vorschriften diktieren zu lassen, die den kleineren und mittleren Unternehmer treffen. Die liebe Schröder-Regierung hätte es bitte auch lassen sollen, vom Mittelstand verdiente Steuergelder dazu zu benutzen, gutgläubige Menschen hinter das Rotlicht sozialistischer Verführung zu führen.

Übrigens: Die schönen Photos in der Broschüre, die ja erfolgreiches mittelständisches Regierungstun demonstrieren sollen, stammen weitgehendst aus den Archiven von Siemens, BMW, Lufthansa und Hapag Lloyd – also »richtig mittelständischen« Unternehmen!

2.12 SUBVENTIONEN UND WETTBEWERBSVERZERRUNGEN

Es ist schon erstaunlich, was die Soziale Marktwirtschaft an Widersprüchlichkeiten produziert. Sie bedarf eines Kartellamts und einer Monopolkommission, um den Wettbewerb am Laufen zu halten, um sicherzustellen, dass der Verbraucher eine Chance hat, aus Alternativen wählen zu können, und dass die Anbieter gezwungen sind, sich anständig auf dem Markt aufzuführen.

Andererseits werden vom selben Staat Milliarden von Steuer-Euros in Form von Subventionen in Unternehmen gepresst, die dem so gepflegten und gepriesenen Wettbewerb schwer schaden, weil sie ihm seine Natürlichkeit nehmen. Hier werden Steuergelder pur verschwendet. Es werden Strukturen aufrechterhalten, die längst verrottet wären, da sich für die daraus erwachsenden Produkte und Leistungen keine Abnehmer finden ließen, würden sie nicht künstlich verbilligt (Braunkohle). Es wurden auch Unternehmen über Staatseingriffe am Leben erhalten, die sich im fairen Wettbewerb nicht qualifizieren konnten und die markwirtschaftlich nicht überlebensfähig waren (Holzmann, diverse Werften).

Natürlich sind sterbende Branchen und Unternehmen ein sicheres und dankbares Feld für politischen Opportunismus. Die mit dem Ableben entfallenden Arbeitsplätze lassen die Betroffenen sofort unüberhörbar nach dem Staat schreien. Die Vertreter dieses Staates nehmen jeden Hilferuf dankbar auf, weil sie sich ja auf Staatskosten schnell zum Retter in der Not aufwerfen können. In großen Lettern steht dann in allen Blättern, wie segensreich der arbeitsplatzrettende Eingriff gewesen sei. Subventionen haben in der heute praktizierten Weise keinen volkswirtschaftlichen Sinn. Der Nutzen liegt ausschließlich in der Ausübung politischer Macht. Sie sind ein hervorragendes Stimmenfanginstrument.

Was mich aber beim hierzulande gepflegten Subventionismus am meisten ärgert, ist, dass er wieder einmal an der Förderung kleiner und mittlerer Unternehmen vorbeiläuft, nicht per Gesetz, sondern per Durchführung. Es bedarf schon eigener, teurer, spezialisierter Abteilungen, die durch den Formalismus und durch die Beziehungskisten schleichen, um sich die Gunst des Staates zu erwerben. Bezeichnend erscheint mir, dass sich wegen der komplizierten, komplexen Vorschriften inzwischen der Beruf des Subventionsberater etablieren konnte. Unternehmen sind also gezwungen, um in die Subventionsmasse greifen zu können, zuerst kräftig Geld für Rat und Tat auszugeben. Das können sich wiederum nur die Großen leisten. Es ist demnach kein Wunder, dass etwa 80 % der staatlichen Fördermittel in falsche Hände fließen, die nämlich eine Förderung gar nicht nötig haben oder die das Geld gar nicht mehr halten können, weil sie mittlerweile zu alt und zu schwach sind.

Die Lösung wäre einfach. Bei reduzierten Steuern und einer insgesamt unternehmensfreundlichen Steuerpolitik verbliebe den tüchtigen Unternehmen, unabhängig von deren Größe, soviel eigenverdientes Geld in der Kasse, dass sie auf jede Staatshilfe verzichten könnten. Dieser Gedanke aber schlägt dem leidenschaftlichen Politiker wie scharfer Hagel ins »lächelnde Stimmengewinngesicht«. Jede abgeschaffte Subvention empfindet er zwangsläufig als drastischen Machtentzug und als politische Entmündigung. Denn womit sollte er seine Sympathien schöpfen, hätte er doch nichts mehr zu verteilen?

Es wäre ein Riesendienst an der Wirtschaft unseres Landes, wenn der Staat endlich seine Finger aus der tagtäglichen wettbewerbsverzerrenden Beeinflussung der Unternehmen lassen und sich nur darum kümmern würde, dass die Rahmenbedingungen so sind, dass fleißige, mutige und kompetente Unternehmer durch die unmoralisch hohen Steuern nicht ihres Lohnes beraubt und durch Gesetze und Vorschriften so eingeengt würden, dass sie keinen Sinn mehr im Unternehmertum sehen.

2.13 TARIFVERTRÄGE, FLÄCHENTARIFVERTRÄGE UND BETRIEBSRÄTE

Selbstverständlich müssen die Konditionen der Zusammenarbeit zwischen Unternehmern und Mitarbeitern bestmöglich und mit mittlerer Reichweite geregelt sein, um zeit- und nervraubende tägliche Grundsatzdiskussionen und Auseinandersetzungen zu vermeiden. Im günstigsten Fall vereinbaren sich die direkt betroffenen Parteien direkt ohne irgendwelchen fremden Menschen, Organisationen oder Hilfsmittel einzuschalten, da so den jeweils spezifischen Bedürfnissen am besten entsprochen werden kann. Diese ideal erscheinende Individualität findet jedoch schnell ihre Grenzen im unterschiedlich bedingten Unvermögen einzelner Beteiligter, für sich das beste zu erkennen, es wirkungsvoll zu formulieren und auch verhandlungstechnisch durchzusetzen.

Es hilft der Wirtschaft und ihren Akteuren, dass Politik, Arbeitgeberverbände und Arbeitnehmervertretungen Rahmenbedingungen geschaffen haben, die als Maßstab für Einzelvereinbarungen und zugleich zum Schutz derer dienen, die sich selbst einfach schlecht verkaufen können. Soweit unterstütze ich das hinter den Tarifverträgen stehende Gedankengut aus voller Überzeugung.

Aber wie jede gute Absicht ist auch dieses Konstrukt nicht frei von wirtschafts- und somit menschenschädlichen Missbräuchen. Bedauerlicherweise sind die betroffenen Arbeitnehmer gezwungen, ihre Interessen von Gewerkschaftsfunktionären vertreten zu lassen, die eine ganz eigenwillige und eigennützige Machtpolitik betreiben. Die von ihnen diktierten, Gott sei Dank bröckelnden Flächentarifverträge nehmen keinerlei Rücksicht auf die augenblicklichen Notwendigkeiten einzelner Unternehmen, sondern setzen mit aller verfügbaren Gewalt Rechte durch, auch wenn diese niemandem dienen, sondern nur Arbeitsstellen vernichten.

Der Funktionär hat eben kein natürliches Interesse am Erhalt von Arbeitsplätzen, außer und ausschließlich mit Bezug auf seinen eigenen. Und diesen glaubt er eben durch das vorgegebene klassenkämpferische sture Nachsagen vorgekauter und auswendig gelernter Parolen am leichtesten zu schützen.

Ich empfinde es einerseits als wirklich bedauerlich und andererseits als höchstgefährlich, dass hier die Vertretung von Interessen verhandlungsschwacher Menschen so schädlich missbraucht wird. Die Starrheit des in Deutschland praktizierten Systems hat viele mittelständische Betriebe das Leben und die in ihnen beschäftigten Menschen ihre Existenz gekostet. Und es hat vielen ausländischen potentiellen Investoren die Lust geraubt, sich in Deutschland anzusiedeln.

Ich muss hier klarstellen, dass ich ein überzeugter Befürworter des Betriebsrätewesens bin. Betriebsräte sind gewählte Vertreter der im Unternehmen tätigen Menschen, die sehr wohl im Interesse des Erhalts des Unternehmens und seiner Arbeitsplätze tätig sind. Sie haben es viel schwerer als die betriebsfernen Funktionäre, weil sie jede selbst versalzene Suppe auch selbst mit auszulöffeln haben. Wenn es einem Unternehmen gelingt, geistvolle Mitarbeiter zur Kandidatur zu bewegen und sie auch zu unterstützen, dient dies dem sozialen Frieden und folglich der Wirtschaftlichkeit sehr.

Ein von Unternehmern gefördertes und von den Mitarbeitern verantwortungsvoll ausgeübtes Betriebsrätesystem könnte den zentralistischen Machtmissbrauch der Gewerkschaftsfunktionäre zum Vorteil aller in den Unternehmen tätigen Menschen verhindern.

2.14 TRANSPARENZ DURCH »CORPORATE GOVERNANCE«-KODEX

Dass sich Führungspersönlichkeiten aus der Wirtschaft treffen, um sich auf gesellschafts- und gesellschafterdienliche Verhaltensregeln zu einigen, kann, wenn es nicht schon genügend

Regeln gäbe, nur begrüßt werden. Vor allem nach derart unrühmlichen und verunsichernden Ausschreitungen, wie sie in den vergangenen Jahren leider nicht einmalig blieben, war es mehr als angemessen, darüber nachzudenken, wie das schwer deformierte und in Geldgeschäften so notwendige Vertrauen wieder repariert und haltbar gemacht werden kann. Holzmann, FlowTex und Balsam, aber auch MTV und Telekom im Zusammenspiel mit der Deutschen Bank sind nur einige Beispiele, die es geschafft haben, die Seriosität der Rechtsform »AG« und ihrer Institutionen nachhaltig in Frage zu stellen. Dass gerade der nicht institutionelle Mittel- und Kleinanleger, um den so heftig geworben wurde, von unkontrollierten Machenschaften betroffen war, brachte die Medien und eine breite Öffentlichkeit zu Recht gegen die unwürdigen Zustände auf.

Dass die größte im »Corporate Governance«-Kodex erscheinende Veränderung, nämlich die detaillierte Offenlegung der Einkommen der Vorstände und Aufsichtsräte, nicht den erwarteten Beitrag zur Transparenz unternehmerischen Handelns erbringen kann, wird jedem Kenner klar sein. Dies führt höchstens dazu, dass sich hoch qualifizierte Manager um andere Einkommensquellen bemühen, weil sie nicht einsehen, warum sie sich von Gott und der ganzen Welt in ihre Geldbeutel sehen lassen sollen.

Was mich nach dem Studium des Ehrenkodex für Agierende in Aktiengesellschaften wirklich verwundert ist, dass die in der Kommission eigentlich starke Vertretung der Betroffenen abends zusätzliche Regeln schaffen will, obwohl sie doch tagsüber lauthals gegen die Überregulierung Deutschlands opponiert. Würden sich alle Beteiligten an die längst gegebenen gesetzlichen Regelungen halten oder würde die Einhaltung doch zumindest von den Überwachungsorganen ernsthaft kontrolliert, wären alle weiteren Regelungen vollkommen überflüssig. Die Kommission verfällt meiner Meinung nach auf denselben Irrweg wie übereifrige, profilierungssüchtige Politiker. Auch sie neigen immer dann, wenn Gesetze nicht richtig beachtet werden, dazu, weitere, noch ausführlichere Gesetze zu schaffen, statt dafür zu sorgen, dass die bestehenden Vorgaben konsequent realisiert werden. Wer soll denn nun die Beachtung der neu geschaffenen Regulierungen kontrollieren, wenn nicht wieder die Aufsichtsräte und auch die Vorstände, also die höchsten Organe der Gesellschaft?

Ganz ehrlich: Insgesamt habe ich selten ein derart überflüssiges Dokument gesehen. Ich kann mir nur vorstellen, dass die Kommissionsarbeit darunter gelitten hat, dass die Vertreter aus Vorständen und Aufsichtsräten vom Tagesgeschäft derart ermüdet zu den Sitzungen gingen, dass sie zu einem Widerstand gegen die bei weitem nicht so erschöpften Kleinaktionärs- und Gewerkschaftsvertreter nicht mehr fähig waren.

2.15 WISSENSAUSTAUSCH VON UNIVERSITÄT UND WIRTSCHAFT

In den letzten Jahren lese und erlebe ich viel zum Thema Wissens- und Technologietransfer. Universitäten, Fachhochschulen und andere öffentliche Forschungseinrichtungen richten sich spezielle Transferstellen ein, um sicherzustellen, dass auch ja alle von allen Seiten kommenden Wünsche erfasst und qualitativ hochwertig behandelt werden. Das zu transportierende Wissen soll so geschmeidig wie irgendmöglich auf die andere Seite gleiten.

Der Nutzen der angestrebten und oft praktizierten kooperativen Prozesse ist für beide Seiten unbestritten groß, wenn sie hier wie dort von passenden Menschen betrieben werden. Der Unternehmer kann seine Produkte und Leistungen mit neuesten wissenschaftlichen Errungenschaften bereichern und seine Organisationsstruktur mit Hilfe neuester theoretischer Erkenntnisse überprüfen und gegebenenfalls anpassen. Der wirtschaftliche Erfolg so sinnvoll unterstützter Maßnahmen ist absehbar. Als nicht erwarteter Nebenerfolg tritt zudem auf, dass die in den Prozess involvierten Mitarbeiter an Niveau und Motivation gewinnen. Die Universität, vor allem die Studenten, empfinden es als willkommene Bereicherung, wenn sie sich zwischendurch durch ihre praktisch nutzbare Anstrengung bedeutend vorkommen dürfen. Zudem fällt später der Praxisschock nicht so schmerzhaft aus.

Die Praxisnähe hilft auch dem Herrn Professor, nicht zu weit vom Pfad der Tugend eigener Nützlichkeit abzuweichen. Er gewinnt nebenbei oder auch hauptsächlich sehr an Ansehen bei seinen Verwaltern, weil er den in der Regel kargen Haushalt durch die Kooperation mit begehrten Drittmitteln aufbessert. Nur stellen die zur Verständigung zwischen Uni und Wirtschaft geschaffenen Transferstellen leider keine Erfolgsgarantie für gemeinsame Projekte dar. Wirklich erfolgreiche, hauptsächlich mittelständische Projekte, die ich kennenlernen durfte, basierten nicht auf den angebotenen formalen Möglichkeiten, sondern auf einem persönlich gutem Verständnis zwischen Professor und Unternehmer.

Ich kann mittelständische Unternehmer nur ermutigen, sich der stillen Forschungsressourcen umfänglich zu bedienen. Überwinden Sie die Scheu vor dem Herrn Professor und der ehrwürdigen Universität. Ich konnte dort ausgesprochen interessierte, freundliche, hoch kompetente Menschen kennenlernen und für das eine oder andere gelungene Projekt begeistern. Die kooperationswilligen Professoren sind gefragt und neigen dazu, Projekte aus der Großindustrie enthusiastischer anzugehen als solche mit weniger Gewicht aus dem Mittelstand. Mit einer pfiffigen Idee hat aber auch »der Kleinere« Chancen, mit Freuden aufgenommen und gut behandelt zu werden. Nun ist es zwar längst vorbei, daß solche Projekte das Unternehmen nichts kosten außer der eigenen Zeit, denn die Professoren haben von der Wirtschaft gelernt und verrechnen teils eindrucksvolle Beratersätze. Aber die erbrachten Leistungen der Hochschulen sind meist auch echtes Geld wert.

2.16 DER MITTELSTAND HAT EINE ANDERE, EINE SCHLECHTERE ZUKUNFT

Es wird ihn in seiner unverwechselbar erfolgreichen Form kaum noch geben, den immer nur vor Wahlen vielgepriesenen deutschen Mittelstand. Vor ein paar Jahren nahm man entsprechende Pressekommentare und die ersten Andeutungen der Banken, sich fortan stärker an die Kapitalvergaberichtlinien laut »Basel II« zu halten, eher als akademische Theorie und deshalb relativ unbetroffen zur Kenntnis. Heute, nachdem es bei Mittelständlern blaue Briefe mit kreditkündigendem Inhalt nur so hagelt und die ursprünglich nett und werbend lächelnden Bankenvertreter nur noch mit eingefrorenen Gesichtszügen anzutreffen sind, treten die oft grausamen Konsequenzen der veränderten Fremdmittelpolitik der Banken in ihrer ganzen Wahrheit an den Tag.

Die Antwort auf die Frage des jetzt weitgehend fremdmittelberaubten Unternehmers, wie er denn nun sein mögliches Wachstum und seine notwendigen Investitionen finanzieren soll, kommt schnell aus den eingefrorenen Gesichtern und klingt betörend einfach. Statt der gerade gekündigten Kredite möge er doch einfach Eigenkapital beschaffen. Es gebe ja unglaublich viel davon. Die Nation sei voll mit investitionsbereitem »Venture Capital«.

Natürlich stimmt das, aber nur bei sehr einseitiger Betrachtung. Dem einen oder anderen Unternehmer wird auch gar nichts anderes übrigbleiben, als den Rat ernst zu nehmen und auf Suche nach einem geeigneten Investor zu gehen. Ich schließe auch gar nicht aus, dass aus der einen oder anderen Paarung von Unternehmer und Investor ein glückliches Paar wird und dass bei der glücklichen Partnerwahl die Chance besteht, mittelständische Unternehmen finanziell professioneller gemanagt zu sehen.

Für die wahren Stärken des mittleren und kleineren Unternehmens allerdings sehe ich unglaublich schwarz. Eine der stärksten Motivationen zum Unternehmertum ist die damit verbundene

Unabhängigkeit, die Chance, in eigener Verantwortung endverbindliche Entscheidungen zu treffen. Hinzu kommt der Wille, seine eigenen Ideen nicht ständig rechtfertigen zu müssen. Es ist der Wunsch, in der willkürlichen Beurteilung der eigenen Leistungen nicht von einem Menschen abhängig zu sein, sondern die Beurteilung vom objektivsten aller Wesen, nämlich vom Markt, zu erfahren. Der selbständige Unternehmer ist sich bewusst, dass er die Konsequenzen seiner Entscheidungen allein zu verantworten hat. Er möchte dafür freilich auch den Lohn und die Ehre für richtige Entscheidungen für sich allein in Anspruch nehmen dürfen.

Alle diese zentralen Treibkräfte zu erfolgreichem Unternehmertum werden bei der Hereinnahme von Eigenkapital gründlich erschüttert. Die so zahlreichen »Venture Capitalisten« wollen aus verständlichen Gründen die Mehrheitsanteile am Unternehmen, sie wollen ernst genommen werden, wenn es um gewinnoptimierende Maßnahmen bzw. Entscheidungen geht, und sie wollen frühzeitig über alle Schritte informiert sein und Schritte natürlich auch verhindern, wenn sie ihnen nicht eingängig erscheinen. Der Unternehmer wird, lässt man die rosarote Tünche weg, zum berichtenden Angestellten im eben nicht mehr ganz eigenen Unternehmen.

So manche große unternehmerische Ideen werden von den Mitinhabern geschickt zu Tode diskutiert. Das macht den wenigsten Selbständigen richtig Spaß. Viel Originalität, Flexibilität, Schnelligkeit, also die Dinge, aus denen die so wichtige Wettbewerbsfähigkeit besteht, gehen den unternehmensgeschichtlichen Bach hinunter. Das wird der »Wirtschaftswunder-Nation Deutschland« großen Schaden zufügen. Ein Schaden, für den später wieder einmal keiner der Verursacher in Anspruch genommen werden kann. Sie sind ja keine Unternehmer, die für jeden Fehler sofort grausam, aber gerecht bestraft werden, sondern hoch bezahlte, in sicheren Großorganisationen eingebettete Politiker und Banker, die sich für ihre Fehler auch noch gegenseitig loben.

3. DER MARKT

3.1 ALLIANZEN UND DER MITTELSTAND

Von der teilweise projektbezogenen, arbeitsteiligen, vor allem aber wettbewerbsreduzierenden Zusammenarbeit der Großwirtschaft kann der Mittelstand viel lernen. Denken wir doch bloß an die wundersamen Fügungen, die sich jeweils »vollkommen unabgesprochen« bei Preisveränderungen in der Ölindustrie ergeben. Oder erinnern wir uns an die Harmonisierungsprozesse zwischen argen Wettbewerbern bei lohnenden Großprojekten im Baugewerbe, die regelmäßig am Kartellrecht vorbeigemauschelt werden. Viel weniger anrüchig als diese beiden immer wieder nachlesbaren und erlebbaren eher unheiligen Allianzen, jedoch nicht weniger sinnvoll und erfolgreich, sind gemeinsame Entwicklungsleistungen mit anschließend gemeinsamer Patentnutzung in der Automobilindustrie. Die gegenseitige Belieferung von ergänzenden Bauelementen zwischen Wettbewerbern ist in der Großindustrie ebenfalls üblich. Ob die Allianzen nun etwas mehr oder weniger heilig sind, macht nur den Unterschied, dass man bei den legaleren auch erwischt werden darf. Der Nutzen für die alliierten Partner ist derselbe. Man spart sich gegenseitig Geld und erhöht zudem die Chance, noch welches hinzuzuverdienen.

Im Mittelstand bleiben solche Versuche meist schon im Gedankenansatz des mittelständischen Unternehmers hängen, der ja wegen seines großen Ehrgeizes glaubt, alles allein am besten zu können. Der Starke ist schließlich am mächtigsten allein. Sein natürliches Misstrauen gegen Freund und Feind ist schon deshalb groß, weil er fest annehmen wird, dass der mögliche Partner irgendwelche durch die Kooperation erfahrenen Geheimnisse im Ernstfall sofort gegen ihn benutzen wird.

Ich habe einen entsprechenden Versuch in einer Nischenbranche erlebt, bei dem es darum ging, die jeweils eigenen Absatzdaten an einen Notar zu geben, der sie addieren und nur die Summen an die Wettbewerber (alle klassische Mittelständler) liefern sollte, so dass sich alle Beteiligten ihre Marktanteil errechnen konnten. Der Versuch scheiterte bereits vor dem Start, da man sich aus purem Misstrauen nicht auf einen Notar des gemeinsamen Vertrauens einigen konnte.

Nun, die weltweite Entwicklung fordert von kleineren und mittleren Unternehmen immer komplettere Leistungen, während die Großindustrie zunehmend nach Systempartnerschaften strebt. Dies hat zur Folge, dass Partnerschaften und damit auch Abhängigkeiten kaum noch zu umgehen sind. Wir sollten uns darauf einstellen, dass wir Allianzen bilden müssen, wenn wir auf unseren angestammten Feldern bedeutend bleiben wollen. Übrigens zeigen sinnvolle Partnerschaften auch Wege, wie sich die Kleineren der Übermacht der Großen erfolgreich erwehren können. Denken wir nur an die Einzelhandelsläden, die sich unter einem Dach vereinen, um ihre Kunden weiter mit ihrem Expertenangebot zu bedienen und ihnen somit den Vorteil des »One-Stop-Shopping« bieten. Eine intelligente Antwort der »Tante Emma« an die Konzerndominanz ist das. Auch davon können wir lernen.

3.2 LERNEN VON ENTTÄUSCHTEN KUNDEN

Absatzflauten einzelner Produkte oder ganzer Produktpaletten kündigen sich in routinegetriebenen, erfolgsverwöhnten Unternehmen selten so laut an, dass sie an den entscheidenden Stellen rechtzeitig gehört werden. Sollte man dann, wenn man eine Fehlentwicklung feststellt, sofort an seinen Produkten und Leistungen zweifeln und in der Konsequenz mit aufwendigen Neuentwicklungen beginnen oder für das vorhandene Angebot zusätzliche Märkte suchen? Es mag ja in einzelnen Fällen richtig sein, an seinen eigenen Grundfesten zu rütteln, aber nicht, bevor man den ganzen Strauß geschäftsverhindernder Disteln durchforstet hat, um unzweifelhaft zu klären, dass möglicherweise ganz andere, viel einfachere Korrekturen nötig und möglich sind, um ins Geschäft zurückzukommen. Diese Fragen geben Aufschluss:

> ▶ Muten wir unseren wichtigsten Partnern, den Kunden, Unzuverlässigkeiten bei Lieferterminen zu?
> ▶ Haben wir die Werbung vernachlässigt oder schädlich verändert?
> ▶ Wird der neue Außendienstmann oder der Vertriebschef nicht akzeptiert oder haben wir die letzte Preiserhöhung nicht sensibel genug begründet?

All dies können Gründe sein, warum sich die Klientel langsam, aber sicher verabschiedet. Die wenigsten Kunden bellen lange laut, auch wenn sie guten Grund dazu hätten, die meisten suchen sich nach ihren Enttäuschungen alternative Lieferanten – und dies oft ganz leise.

Fragt nun der nach Auftragsrückgängen aufgewachte Unternehmer seinen Außendienst, wo die Schuld zu suchen sei, so wird er kaum etwas anderes als fade Allgemeinplätze, wie den zu hohen Preis, die lange Lieferzeit oder die zu schlechte Qualität zu hören bekommen. Der Vertrieb wird grundsätzlich nie eigene Fehler als Ursache angeben, sondern sich selbst schützend auf alle anderen möglichen Verursacher verweisen.

Will es nun der Unternehmer von seinen Abnehmern persönlich wissen, beauftragt er in der Regel seinen Vetriebschef, ihm eine Kundentour zusammenzustellen. Der führt ihn dann, sich selbst schützend, zu den wenigen noch zufriedenen Kunden. Diese bieten, freundlich wie sie sind, eine Tasse Kaffee an, bewundern die unternehmerische Leistung des Chefs und loben den Service des Vertriebs. Der Unternehmer zieht stolz, jedoch unaufgeklärt, von dannen, während der Auftragseingang weiter sinkt.

Richtigerweise lässt man sich alle Angebote, die etwa in den letzten sechs Monaten nicht zum Erfolg geführt haben, vorlegen, sieht diese kritisch nach Inhalt und Erscheinungsbild durch und bestimmt nun selbst genau die Kunden, die aus nicht erkennbarem Grund Wettbewerbern den Vorzug gegeben haben. Sie werden ohne den eigenen Außendienst besucht und um Offenheit gebeten. Bei solchen Reisen ist das Vergnügen meist gering, aber der Lerngehalt dafür sehr groß. Wenn man mit enttäuschten Abtrünnigen sprechen kann, erfährt man über sein eigenes Unternehmen bei weitem mehr, vor allem über seinen Verbesserungsbedarf und über die Stärken des Wettbewerbs.

Wenn sich der Chef eines Unternehmens ernsthaft um Verbesserungen bemüht, wird er auch bei enttäuschten Kunden gut aufgenommen. Allein das mit dem Besuchswunsch ausgestrahlte Interesse erzeugt zumindest wieder ein positives Image und damit die Voraussetzung für eine mögliche Neuauflage der beschädigten Beziehung. Es lohnt sich, die einen oder andere unbequeme Wahrheit zu ertragen, vorausgesetzt man hat in seinen guten Tagen das so unverzichtbar wichtige Zuhören nicht verlernt.

3.3 UMGANG MIT DEM WETTBEWERB

Die meisten Wettbewerber eines Unternehmens verhalten sich der Natur der Sache entsprechend feindlich. Sie unterbieten Preise, werben Mitarbeiter ab, versuchen Ideen zu stehlen und reden bei gemeinsamen Kunden schlecht über andere Anbieter. Alle Wettbewerber wollen schließlich an dasselbe große Geld. Die Methoden, um das Ziel zu erreichen, differieren sehr. In Zeiten wie heute verhärtet und verschärft sich der Umgang miteinander nochmals, da die verteilbare Auftragsmasse schwindet, die Kunden noch mehr fordern, die Margen zurückgehen und die Bankenvertreter bei ihren Besuchen tiefe Sorgenfalten zeigen und böse Ansagen machen. Jeder Wettbewerber will zu den wenigen Überlebenden gehören und verhält sich dementsprechend aggressiv.

Eine sonst möglicherweise noch spürbare Art von Fairness weicht üblem Gehacke. Teilweise die Legalität verlassende Vorgehensweisen lassen rasch auch die weniger schönen Seiten der Marktwirtschaft aufblitzen. Muss das nun so sein, oder finden einfallsreiche Unternehmer gangbare Wege, um sich das Leben als Konkurrenten nicht noch schwerer als unbedingt notwendig zu gestalten? Ich empfinde es als eine besonders intelligente Leistung, wenn es einem Menschen gelingt, aus einem vormaligen Feind einen brauchbaren Partner zu formen. Ich rate hier nicht etwa zu einer illegalen Kartellbildung, aber doch, alle erlaubten Wege zu gehen, um sich gegenseitig eher zu stärken als zu vernichten. Vernünftige Wettbewerber reden miteinander, halten sich über befremdliche Ereignisse informiert und tauschen Erfahrungen aus, ohne darauf zu verzichten, sich im sinnvollen Rahmen die Aufträge abzujagen.

So bewährt und lohnt es sich sehr, über gemeinsame Angebote bei Großaufträgen nachzudenken, sich über Messeteilnahmen abzustimmen, um sich gegenseitig unnötige Kosten zu sparen oder auch eine Art Ehrenkodex zu Personalfragen oder Spionagen zu formulieren und zu praktizieren.

In Märkten mit vielen Wettbewerbern muss man damit rechnen, dass nur ganz wenige davon an solchen sinnvollen Kooperationen seriöses Interesse zeigen, und man muss sich darüber im Klaren sein, dass es ohnehin nur ganz wenige geben wird, die in ihrer Seele groß genug sind, um ein so rationales und rationelles Wettbewerbsverhalten dauerhaft durchzustehen. Das Hemd, das der eigenen Haut näher sitzt, wird notorisch für wichtiger als die oft wärmere Jacke der Gemeinsamkeit gehalten.

Das größte Hemmnis zu ergebnisstärkender Zusammenarbeit ist das ewige - teilweise auch verständliche – große Misstrauen, dass der jeweils andere die gewonnen Erkenntnisse egoistisch und gegen den »Partner« nutzt. Die größte Gefahr bei derartigen Versuchen, sich das harte unternehmerische Leben etwas einfacher zu machen ohne gleich zu fusionieren, ist, den falschen Menschen für ein solches Vorhaben auszuwählen. Aber dieses Risiko hat man stets sowohl geschäftlich als auch privat. Dennoch bleibt es bei aller Ungewißheit über den Ausgang lohnenswert, wenigstens entsprechende Versuche zu unternehmen.

3.4 QUALITÄT IN DER NOT

Nur wenige Branchen spüren sie nicht, die wirtschaftliche Flaute. Einige Branchen und Unternehmen leiden bereits so, dass die Schmerzensschreie nicht mehr zu überhören sind. Kosteneinsparprogramme, Investitionsverzichte, gekündigte Bankkredite und neue Insolvenzrekorde füllen die Spalten der Wirtschaftspresse. Jeder, der sich einmal mit Zusammenhängen im Unternehmen beschäftigt hat, versteht leicht, dass in schwieriger Lage auch die Personalseite durchforstet, also auf Verzichtbarkeiten untersucht werden muß.

Die schlechten Aussichten, die notwendigen Restrukturierungen und die damit verfallende Freude an der Leistung führen, wenn die Verantwortlichen wegen eigener Vergrämung unachtsam werden, zu schlimmen, weil folgenschweren Dingen, insbesondere zu nachlassenden Qualitäten, womit ich nicht etwa die Einhaltung von Fertigungstoleranzen meine, sondern den Gesamtauftritt des Unternehmens.

Beispielsweise fällt mir immer mehr auf, dass die Telefone bei bisher bestorganisierten und partnerfreundlichen Betrieben gar nicht mehr oder erst nach dem 15ten Kingeln abgehoben werden. Meldet sich dann endlich jemand, dann statt der wohlklingenden, werbenden und wissenden Dame vom Empfang oft ein beleidigt klingender Hausmeister, der gerade noch weiß, bei welcher Firma er tätig ist. Die angenehme, wissende Stimme wurde Opfer des Sparprogramms, weil sie jünger und kürzer in der Firma ist als der alte Grobian. Nach den sozialrechtlichen Kündigungsnormen war sie schlicht und einfach die billigere und damit durchsetzbarere Lösung. Aber auch versprochene Rückrufe bleiben aus, weil der einzige verbliebene qualifizierte Mitarbeiter sich nur noch um die fünf allergrößten Kunden kümmern darf oder kann. Liefertermine werden schamlos überzogen, Anmahnungen laufen ins Leere. Kommen Lieferungen endlich an, fehlen wichtige Einzelteile, weil sich die früher hervorragenden Mitarbeiter im Auftragszentrum zwischenzeitlich nach anderen Arbeitgebern umgesehen haben.

Die Verantwortlichen reagieren bei Kundenbeschwerden schnell mit der Erklärung, dass in wirtschaftlich schwierigen Zeiten zuerst am teuersten Kostenpunkt, also am Personal, gespart werden müsse und dass man als Kunde eben einige daraus resultierende Unbequemlichkeiten in Kauf zu nehmen habe. Sie rechnen dummerweise nicht damit, dass auch der Kunde von den Schwierigkeiten der Rezession betroffen sein könnte und gerade jetzt die volle Unterstützung seiner Partner nötiger hätte als jemals zuvor. Im krisenbedingt verschärften Wettbewerb erhalten nur noch die Besten, die Zuverlässigsten und die Flexibelsten Aufträge.

Ich glaube fest, dass man keinen größeren Fehler in der Not einer Flaute begehen kann, als die Qualität des Dienstes am Kunden den Umständen zu opfern. Die Not verschärft sich dann schnell ins Unerträgliche und dies nicht zuletzt durch eigenen Beitrag.

3.5 DER WERT VON MARKEN

Verbissene und teure Rechtsstreitigkeiten um die Nutzungsrechte wertvoller Marken werden meist vor einschlägigen Gerichten ausgetragen. Es bedurfte bei mir als unbedarftem Mittelständler doch einiger persönlicher Erlebnisse und Betroffenheiten, um zu verstehen, welche große wirtschaftliche Bedeutung der Wirkung von Marken zukommt. Natürlich wird man schon als Säugling mit bekannten Namen konfrontiert, spätestens, wenn man erstmals Hipps Babynahrung verabreicht bekommt. Zeit Lebens aber entkommt man Coca Cola, BMW, Nike, Jeep und Aspirin entweder durch regelmäßigen Gebrauch der Produkte oder zumindest durch deren penetrante Werbung nicht. Unglaublich große Gelder fließen in den zügigen Aufbau und die Pflege von Marken, weil deren Inhaber zu Recht erwarten, dass die Werbewirkung auf die Konsumenten noch mehr Geld zurückschwemmen wird. Marken stehen für Produkte, hinter denen Qualitätsdefinitionen stehen. Jeder kundige Verbraucher erwartet beim Kauf eines Markenprodukts, dass er bisher erlebte, umworbene Qualitätsmerkmale immer wieder bekommt.

Wenn also der potentielle Abnehmer vom Markenprodukten mit dem angebotenen Produkt einmal zufrieden ist, führt dies zu ständigen, nahezu automatischen Nachbestellungen, wobei die Zufriedenheit auch zu den für den Inhaber so wichtigen persönlichen Weiterempfehlungen an noch Unkundige führt. Genau dieser wirtschaftlich so hocherfreuliche Umstand verleiht Marken ihren legendären Wert, der es auch rechtfertigt, eine erzielte Markenbedeutung mit allen Mitteln zu verteidigen.

Die von mir so hochgeschätzte Marktwirtschaft gibt allerdings nicht nur den kreativen, mutigen und ehrlichen Menschen Chancen, durch die wirtschaftliche Verwertung von Innovationen erfolgreich zu sein. Sie bringt auch Schmarotzer und Piraten hervor.

Es ist natürlich ungleich bequemer, ohne den enormen Aufwand für Entwicklung, Aufbau und Pflege erfolgreicher Produkte und der sie identifizierenden wertvollen Marken lediglich an deren teuer erworbenen Erfolg zu schmarotzen. Aus meinen Erfahrungen mit Marken ergeben sich zwei wesentliche Konsequenzen:

▶ Marken werden bei professioneller Handhabung zu einem Geschäftsantreiber allerhöchsten Ranges. Es ist sehr richtig, in ihren Aufbau und in ihre Pflege viel Geld zu investieren.

▶ Die Verteidigung gegen Trittbrettfahrer sollte unter Einschaltung spezialisierter Anwaltskanzleien vorgenommen werden, weil man in diesem Rechtsgebiet ohne die notwendigen Erfahrungen oft Urteile erlebt, die stark vom Geschick einer guten Aufbereitung der Sachlage abhängen.

Die semiprofessionelle »billigere« Behandlung durch Allgemeinanwälte führt in der Regel zu unnötigen Kosten und Ärger, und hat womöglich die schlimme Folge, dass nämlich der hart erarbeitete Schutzumfang aufgeweicht oder gar ganz verloren wird.

3.6 MITTELSTANDSTÖCHTER IM AUSLAND

Die Welt und ihre ökonomische Entwicklung erfordern es, dass auch mittelständische Unternehmen die internationalen Märkte für sich zu gewinnen versuchen. Vor allem Unternehmen mit eigenen Produkten und Produktionen haben sich zu bemühen, ihre Stückkosten durch die mögliche Steigerung der Absatzzahlen zu senken, um im eigenen Lande und eben auch global wettbewerbsfähig zu sein und zu bleiben. Die Wege zum Ziel sind vielfältig. Über Handelsvertreter, Händler oder Lizenznehmer lassen sich fremde Märkte relativ unaufwendig bedienen. Den stärksten Einfluss auf die Gestaltung seines Geschäfts hat man allerdings über Tochtergesellschaften, an denen man alle Anteile hält, denn auch Joint Ventures haben geschäftsbremsende Tücken.

Der erfolgreiche Mittelständler ist stolz auf die Länderwimpel seiner Niederlassungen in seinen Broschüren. Der Wind, in dem diese Flaggen sich bewähren müssen, weht jedoch in vielen Fällen hart und nicht selten zerstörerisch. Die Fehler sind immer die gleichen. Die strategische Begeisterung führt dazu, einige nahezu unvermeidbare Zusammenhänge zu übersehen. Auslandstöchter kosten immer mehr Mühe, Geld und Management sowie mehr Kapazität des Stammhauses als der gute Unternehmer vorausgesehen hat. Zudem dauert es immer etwas länger, bis die Tochter so schön wird, wie sich das die stolze Mutter erträumt.

Die fremde Gesetzgebung, Währungsschwankungen, politische Instabilität und die Auswahl des lokalen Managements fordern doch sehr viel Gewöhnung. Alles, was zu Hause Routine ist, wird im Ausland zum Ereignis. Dies sollte mittelständische Unternehmen jedoch keinesfalls davon abhalten, im Ausland in Tochtergesellschaften zu investieren. Ich will nur vor Überraschungen, Enttäuschungen und schädlichen bis gefährlichen Rückwirkungen warnen.

Soeben musste ich wieder einmal erfahren, wie ein eigentlich tolles mittelständisches Unternehmen mit absolut weltmarktfähigen Industrieprodukten durch blanke Ignoranz wichtiger Regeln eine zugekaufte britische Tochter beinahe zugrunde gerichtet hätte. Man hatte ihr Aufgaben im Konzern zugewiesen, die sie nicht erfüllen konnte, weil sie nicht entsprechend ausgestattet war. Man hatte sie auch nicht mit den nötigen Ressourcen versehen, um sich in die gewünschte Position entwickeln zu können. Darüber hinaus war die Betreuung durch das Stammhaus kaum vorhanden (nur drei Besuche in sechs Jahren). Die Tochter wurde vom Konzern fast isoliert, Management und Mitarbeiter wurden ständig nur beschuldigt, unerträgliche Verluste zu erzeugen. Ich wurde gebeten, die Tochter zu begutachten und kam schnell zu der Erkenntnis, dass die wahren Verursacher der Verluste nicht in England, sondern im Stammhaus des Unternehmens saßen. Die Quintessenz: Auch adoptierte Kinder brauchen viel Mutterliebe und Muttermilch, wenn sie eines baldigen Tages zu neiderregenden Mitgliedern der eigenen Familie werden sollen.

3.7 DAVID GEGEN GOLIATH: VORTEILE KLEINER GEGENÜBER GROSSEN
Wenn ein sogenannter Kleiner von einem Großen erdrückt wird, ist dies ein deutliches Zeichen dafür, dass der Kleine entweder seine Vorteile nicht gesehen und genutzt hat oder dass sich der Kleine in einem Anflug von Größenwahn zu nahe an die Geschäftsfelder der Großen herangewagt hat. Wenn ein Fünf-Mann-Betrieb mit bescheidener Finanzausstattung glaubt, er müsse mit seinem lokal wertvollen Reparaturbetrieb ins große Geschäft der Haushaltsmaschinen einsteigen und fortan beginnt, Staubsauger oder Kühlschränke zu entwickeln, zu produzieren und zu verkaufen, sollte sich seine Verwunderung in Grenzen halten, wenn er dieses Abenteuer nicht lange überlebt.

Die wirklichen Chancen kleinerer und mittlerer Unternehmen liegen im geschickten Aufspüren und Nutzen von Nischen. Doch es geschieht immer wieder, daß sich Nischen schnell und ergiebig erweitern und plötzlich ein Format erreichen, das auch das Interesse der Großen auf sich zieht. Es gibt viele ermutigende Beispiele, in denen sich der angestammte kleine Nischenbewohner im Wettbewerb mit den neugierig und gierig gewordenen Großen hervorragend schlägt, weil er seine Stärken bewusst und erfolgreich einsetzt. So wie sich einst David eines einfachen, schnellen und scharfen »Tools« bediente, um den Riesen Goliath listig zu bezwingen, so hat auch in der Wirtschaft der vermeintlich kleinere und schwächere Anbieter gute Möglichkeiten, böse Absichten des scheinbar übermächtigen Konkurrenten zu blockieren und ihn zum Rückzug zu bewegen.

Ich habe viele Unternehmensgründungen der letzten Jahre aufmerksam verfolgt und in diesem Zusammenhang festgestellt, dass die Großen der Branche nie der größte Feind im Lande waren. Schlimmere Auswirkungen hatten vielmehr unternehmensfeindliche Rahmenbedingungen oder die eigene Naivität. Kleine und mittlere Unternehmen scheitern vielmehr dann, wenn sie sich die schlechten Angewohnheiten der »Großen« zum Vorbild nehmen. Unternehmer, die aber die klassischen Stärken eines David einsetzen, konnten sich gegen jede Unternehmensgröße durchsetzen und hatten zumeist noch einen Heidenspaß dabei. Zu diesen Stärken zähle ich:

- Gesundes Selbstvertrauen und ein Quentchen Frechheit
- Stringent und flott umgesetzte Kreativität
- Schnelle Entscheidungen und sicheren Durchgriff bei deren Realisierung
- Zuverlässigkeit in den Aussagen
- Spezialistenwissen
- Große Anpassungsfähigkeit an Kundenbedürfnisse
- Generelle Bereitschaft zum Ungewöhnlichen.

Diese Fähigkeiten machen den kleinen und mittleren Unternehmer zum unschlagbaren Partner für die angestrebte Klientel. Schließlich ist die Unternehmensgröße, isoliert betrachtet, noch keine schätzenswerte Qualität.

3.8 DER MUT ZUM WIRKLICH EIGENEN, EIGENWILLIGEN PRODUKT

Natürlich kann es jedem Unternehmer im Prinzip egal sein, mit welchen Waren oder Diensten er sein Geld verdient. Die Hauptsache ist, dass er gut leben kann. Ob er nun glaubt, sich seine Existenz durch billig angebotene Kopien, durch reine Lohnarbeiten oder durch selbstentwickelte Produkte und Leistungen sichern zu können, liegt ausschließlich an seinen persönlichen Neigungen und in seiner Entscheidung.

Ich war oft genug in Versuchung, meinen eigenen Pfad zu verlassen, der mich immer wieder zum eigenentwickelten und möglichst eigenartigen oder einzigartigen Produkt führte. Dieser Pfad ist risikobelasteter als jeder andere, weil er große Vorleistungen und viele Vorahnungen voraussetzt. Aber er birgt auch die größten Chancen, richtig zu verdienen und, was meiner Meinung nach noch wichtiger ist, Freude am Unternehmertum zu haben. Letzteres nicht nur wegen des verdienbaren Geldes. Ich empfinde es immer als echtes Glückserlebnis, wenn es wieder gelingt, eine mir gerade eingeschossene Idee in eine Skizze, ein Modell, in erste Musterstücke und schließlich in ein vorzeigbares Produkt zu verwandeln. Der Moment, wenn ein derartiges neues, eigenartiges Produkt potentiellen Kunden erstmals auf einer Messe gezeigt wird und diese dann »meine Idee« kaufen, also mehr bezahlen als es gekostet hat, und nach eigener Erprobung weiter nachkaufen, dann habe ich immer wieder das wunderbare Gefühl, etwas Außergewöhnliches, Positives geleistet zu haben.

Doch die emotionale Befriedigung ist es nicht, die den Aufwand für eine eigene und einzigartige Entwicklung rechtfertigt. Neue Produkte haben auf den umkämpften Märkten nur dann eine Chance, wenn sie sich in ihren Eigenschaften vorteilhaft von bisher verfügbaren Angeboten unterscheiden. Der Preis ist freilich die schlechteste aller Differenzierungen, da er meist nichts als branchenweite Preiskämpfe und Margenverluste nach sich zieht. Wieviel schöner sind Verkaufsgespräche, wenn die Schönheit des Produkts, neue hilfreiche Funktionen, eben ein offenbarer Zuwachs an Nutzen, Kunden so begeistern, dass sie gar nicht mehr daran denken, die Preise zu drücken. Natürlich birgt jedes wirklich neue Produkt die Gefahr, an den Kundenerwartungen vorbei zu entwickeln. Am Ende steht dann eine Investitionsruine.

Neue Produkte werden stets für eine möglichst lange Lebenszeit entwickelt. Die Zukunft bietet aber keine Fakten und Daten, so dass es keine Erfolgsgarantien gibt. Doch sie bietet bei richtiger Deutung der Zeichen und bei aufmerksamer Auswertung Chancen, allen Wettbewerbern durch die eigene Interpretation der Zukunft, sofern sie richtig ist, weit davonzuziehen.

Durch Eigenentwicklung »Herr über alle Rechte« an einem Produkt zu sein, bedeutet auch, möglicherweise gar nicht selbst produzieren oder vermarkten zu müssen, sondern interessierten Partnern Lizenzen anzubieten. Eigenartigkeit, die Kunden nützt, macht materiell und immateriell nämlich gleich viel Spaß.

3.9 MITBESTIMMUNG IM MITTELSTAND

Demokratien gehen davon aus, dass alle Entscheidungen dadurch besser werden, dass möglichst viele Leute mitwirken. Dies ist sicher für Staaten richtig, und die Demokratie ist sicher die erträglichste aller Staatsformen. Demokratie ist aber auch die Diktatur des Mittelmaßes. Sie macht langsam und bedächtig. Sie trifft selten ganz falsche Entscheidungen, bringt naturgemäß aber auch keine weit ausgreifenden, ungewöhnlich guten Entscheidungen zustande. Unternehmen müssen jedoch, um im weltweiten Wettbewerb und in den unglaublich beschleunigten Innovationszyklen zu bestehen, mutige, vorausschauende, mithin zukunftsorientierte Entscheidungen treffen, die der Durchschnitt der Demokraten (das Mittelmaß) im Moment der Abstimmung noch gar nicht verstehen kann.

Dort, wo die Mitbestimmung gesetzlich am ausgeprägtesten vorgeschrieben wurde, nämlich in der Montanindustrie, hat sie nur dazu geführt, dass sie aus dem Status des volkswirtschaftlich Pflegefalls nicht herausgekommen ist. Wirtschaftlich notwendige Entscheidungen wurden in den Gremien nicht erreicht. Die paritätisch besetzten Aufsichtsräte mit ihren gelähmten Vorständen haben sich in ihren Diskussionen – und gestützt von fehlgeleiteten Subventionen – in eine ökonomische Tabuzone manövriert.

Der selbständige Unternehmer ist in der Regel allerdings gescheit genug, zur Optimierung seiner Entscheidungen den Rat seiner Mitarbeiter einzuholen, indem er sie zum Mitreden und zur Mitwirkung bewegt. Er weiß nur zu gut, dass viele seiner Mitarbeiter in Detailfragen sehr viel besser sind als er es selbst sein kann und dass er schon deshalb auf ihren Wissensschatz nicht verzichten kann. Er weiß sehr wohl, dass er die volle Kraft seiner Mitarbeiter braucht, um mit den Leistungen seines Unternehmens besser zu sein als der Wettbewerb. Und er weiß auch nur zu gut, dass er qualifizierte Mitarbeiter nur bekommt und halten kann, wenn er sie adäquat behandelt, wenn er sie nicht durch willkürliche Ausbrüche verärgert oder beleidigt. Dass er sie nur halten kann, wenn er sie als wichtigste Partner ernst nimmt. Gute Mitarbeiter fliehen in der Freiheit der Marktwirtschaft vor schlechten Chefs. Um also Mitbestimmung im besten Sinne für das Unternehmen und damit für die Arbeitsplätze zu gewähren, bedarf es nur der Gesetze des Marktes und keiner Hirngespinste von Kommunisten.

3.10 TRANSPARENZ UND UNTERNEHMERTUM

Wer fremdes Geld in die Hand nimmt, um damit seine eigene Existenz zu finanzieren, sollte es als natürlich empfinden, dass damit zumindest moralische, aber meist auch materielle Informationsansprüche der Geldgeber verbunden sind, und zwar ganz unabhängig davon, ob es sich um Eigen- oder Fremdkapital handelt und ob die Mittel zur Finanzierung einer Investition oder des laufenden Geschäfts verwendet wurden.

Die meisten Ansprüche auf Information sind detailliert in Verträgen geregelt oder, wenn es sich um börsennotierte AGs handelt, sogar gesetzlich festgelegt. Die Missnutzung der in der Marktwirtschaft üblichen Freiheiten, vor allem bei kleineren, unerfahrenen oder sogar auf Betrug angelegten Unternehmen im Neuen Markt, hat zum Bedauern der Akteure und zum Schaden des Rufes der Aktiengesellschaften zur Verdichtung der Regelungen geführt. Der Gesetzgeber reagierte 1998 mit seinen haftungsverschärfenden Kontakt-Regelungen und einige Jahre später mit der freiwilligen, edelmütigen Selbstverpflichtung im Rahmen des Deutschen »Corporate Governance«-Kodex. Leider muss die herrliche unternehmerische Freiheit wegen mangelnder Disziplin und Ehrlichkeit immer wieder durch Einengungen begrenzt werden.

Das unternehmerische Planen und Handeln steht nun häufiger und deutlicher im starken Interessengegensatz zum aktuellen Informationsbedürfnis der Geldgeber. Über alles, was der Unternehmer denkt, will die ihn finanzierende Welt genauestens Bescheid wissen. Das heißt, dass er nur noch in kleinen Zeiteinheiten planen und handeln kann, die es unmöglich machen, wirklich große Vorwärtsbewegungen zu realisieren. Dieses für den ehrgeizigen Unternehmer so furchtbare »Quarterly Dividends«-Denken walzt die besten langfristigen Ideen platt. Bei aller Beschleunigung der »Time to Market«-Prozesse dauert es in der Industrie von der Idee bis zur Geburt eines Produktes immer noch zwei bis drei Jahre und bis die »Invests returned« werden können weitere ein bis zwei Jahre. Dies sind insgesamt drei bis fünf Jahre, in denen die Gewinne eines Unternehmens aufgrund einer marktfähigen Innovation belastet und somit unfreundliche Resultate für die Shareholder ausgewiesen werden.

Wenn nun dieser Unternehmer unglücklicherweise auch noch eine notierte Aktiengesellschaft leitet und besitzt, muss er damit rechnen, dass aufgrund seiner vierteljährigen Publizitätspflicht auch noch der Wettbewerb seine Planungen kennt, es sei denn, er verlässt den Pfad der Tugend und ist nicht ganz so ehrlich, wie er sein müsste. Ich bestreite nicht, dass es ein absolutes Recht der Finanziers ist, früh und vollständig über die Verwendung ihres Geldes bzw. über die Aussicht, es zu vermehren oder es zu verlieren, Auskunft zu erhalten. Aber ich behaupte, dass nicht allen Unternehmer, die sich für den Aufbau ihres Betriebes Geld leihen, klar ist, wie viel Entscheidungsfreiheit und Handlungsspielraum sie mit jedem einzelnen geliehenen Euro aus der Hand geben.

Es besteht keinerlei Aussicht, dass sich die Regeln oder Gesetze zur Schaffung und zum Ausbau der Transparenz der Unternehmen lockern – und das nicht nur im Bereich der börsennotierten Unternehmen. Das »Rating-Fieber« ist überall ausgebrochen und nun eben auch für kleinste Unternehmen »transparenztreibend« wirksam. Mit der fast radikalen Entwicklung der Forderung und Umsetzung von mehr einschlägiger Information reduziert sich der fremdmittelabhängige Unternehmer jedoch immer mehr zum devoten Befehlsempfänger seiner Geldgeber. Es war zweifellos schon einmal viel unternehmerischer, Unternehmer zu sein.

3.11 UNTERNEHMEN DURCH REZESSIONSBEDINGTE KRISEN FÜHREN

Schlechte Zeiten in der Wirtschaft und in Unternehmen zeichnen sich durch sich selbst beschleunigende und sich häufende Schreckensereignisse aus. Die Aufträge werden weniger, der Wettbewerb wird ungemütlicher, die Preise und die Konditionen verschlechtern sich. In Folge dessen fallen die Margen. Die Motivation der Mitarbeiter schwindet im Zeichen der allgemeinen Verunsicherung. Nachdem sich auch Partnerunternehmen in kritischem Zustand befinden, verschlechtert sich der Zahlungseingang und die Liquidität wird eng. Die Bankenvertreter bringen Warnungen oder zumindest Ermahnungen ins Haus und verunsichern auch den zuvor noch optimistischen Unternehmer. Was soll nun geschehen, um aus dem negativen Marktgeschehen nicht eine Katastrophe für das eigene Unternehmen werden zu lassen?

Sicher ist nur, dass sich eine Krise durch Pessimismus und Unterlassung noch nie hat beseitigen lassen. Die Verbreitung von Unkenrufen im eigenen Unternehmen oder bei Geschäftsfreunden wirkt kontraproduktiv. Sie verschlimmern die Situation, weil kein Mensch mit »Problem-Menschen« zu tun haben will. Demgegenüber ist die Münchhausentaktik, sich am eigenen Schopf aus dem Sumpf zu ziehen, zweifellos am wirksamsten. Dem

Unternehmer, dem es gelingt, seine eigenen negativen Empfindungen zu überwinden und zumindest nach außen unbelastet zu wirken, fällt der Weg zurück zum Erfolg am leichtesten. Nur ein starker, zukunftsgläubiger Unternehmenschef ist in der Lage, seine fähigen Mitarbeiter in Krisenzeiten zu den erforderlichen Höchstleistungen zu beflügeln. Lethargie in Krisen führt zwangsläufig zu weiteren Verschlechterungen.

Es gibt keine Menschen im geschäftlichen Umfeld, die nicht für eine sinngebende Ermutigung empfänglich und dankbar wären. Sinngebend heißt in diesem Zusammenhang, die realen Chancen des Unternehmens nicht nur zu erkennen, sondern sie auch plakativ ins Bewusstsein zu rufen. Natürlich ist ein angeschlagenes Unternehmen nicht durch fromme Sprüche gesundzubeten.

Handfeste unpopuläre Maßnahmen der Kostenanpassung halte ich selbstverständlich für unabwendbar. In guten Zeiten bauen sich immer überflüssige Fettpolster in den Personal- und Sachkostenbereichen auf, die schleunigst abgesaugt werden müssen. Die Kunst ist, dass dies von allen Partnern, also Kunden, Mitarbeitern, Bankern und Lieferanten als zukunftssichernde, gewollte Aktion und nicht als angstgetriebene Reaktion verstanden wird.

Am reibungslosesten gelingen solche turnusmäßig notwendigen Reparaturarbeiten, wenn sie nach einem vorher festgelegten und den wichtigsten Partnern bekannt gemachten Konzept angegangen werden. Was man jedoch in unternehmenskritischen Situationen am allermeisten braucht, sind engagierte und kompetente Mitarbeiter sowie lebendige und zahlungsfähige Kunden. Beides erhält man sich nur, wenn man in der Not erfinderisch bleibt und Freude an der zu bestehenden Herausforderung zeigt. Dann wird selbst die Not zu einer echten Chance, um deutlich besser aus der Bredouille herauszukommen, als man kurz zuvor in sie hineingeraten ist.

4. MITARBEITER FINDEN UND FÜHREN

4.1 DIE FÄHIGKEITEN DES CHEFS UND DIE PERSONALAUSWAHL

Bei der Wichtigkeit und der Vielfalt von Herausforderungen, die ein Unternehmer zu bestehen hat, könnte man als bewundernder Beobachter annehmen, dass ausschließlich Universalgenies in der Lage sind, ein Unternehmen zu führen. Ein unübertroffener Techniker, ein intelligenter Kaufmann und ein begnadeter Organisator, ein kluger Kenner des Marktes und ein feinfühliger Psychologie, sollten sich als Mindestausstattung in diesem führenden Menschen finden. Ich bin heute der festen Überzeugung, dass nur ganz wenige, dafür aber ungewöhnliche Fähigkeiten den erfolgreichen Unternehmer oder Chef ausmachen.

Erstens braucht er die Fähigkeit, Visionen zu haben und daraus Geschäftsmodelle zu entwickeln, an die er trotz zweiwöchiger kritischer Betrachtung selbst immer noch fest glaubt. Zweitens muss er befähigt sein, sich selbst so kritisch zu begutachten, dass er erkennt, im Hinblick auf welche seiner eigenen Schwachstellen er die größte Unterstützung nötig hat. Drittens, und das ist besonders wichtig, bedarf es der Fähigkeit, sich nun mit Mitarbeitern zu umgeben, die ihm bei der wirtschaftlichen Realisierung ergänzend, loyal und natürlich mit voller Kraft zur Seite stehen.

Wenn nun der Unternehmer die glückliche, natürliche Befähigung besitzt, sich in Personalfragen nie zu täuschen, bedarf es nur seines Gefühls und keinerlei Systems, um die passenden Mitarbeiter anzuheuern. Nur so wunderbar begabte Unternehmer oder Chefs bedürfen allerdings des guten Rates nicht, bei der Auswahl der wichtigsten Partner nichts dem Zufall oder anderen Fährnissen zu überlassen.

Unter all den vielen erprobten Auswahlverfahren erwiesen sich in meiner Praxis Assessment-Center mit ausschließlich die künftige

Aufgabe betreffenden Tests als hervorragendes Instrument, um den für die Vorstellung verkleideten Bewerbern die Masken abzunehmen. Soll doch der künftige Entwickler eine ohnehin gebrauchte Konstruktion erstellen, der Chefbuchhalter eine konsolidierte Bilanz erstellen, der potentielle Vertriebschef drei Tage lang neue Kunden gewinnen und danach eine Strategie zur Stärkung der Marktposition unterbreiten, und warum soll nicht eine angehende Chefsekretärin einen total verkorksten Brief korrigieren und anschließend ins Englische übersetzen? Die Assessoren lernen so bei weitem mehr Fähigkeiten kennen als die rein fachlichen Voraussetzungen der Kandidaten. Nämlich auch ihr Verhalten in ungewöhnlichen Situationen, und dies nicht etwa im theoretisch-psychologisch gestellten, sondern im lebensnahen, alltäglichen Umfeld. Die bislang in Assessment-Centern geübten gruppendynamischen Spielchen führen selten zu einer echten Entscheidungshilfe für die Assessoren, sondern lassen die Kandidaten vielmehr denken, nicht ganz ernst genommen zu werden.

Ein gut vorbereitetes und mit Einfühlungsvermögen durchgeführtes praxisorientiertes Assessment-Center gibt allen Beteiligten die faire Chance, eine sichere und haltbare Entscheidung herbeizuführen – und nur mit dieser kommt der Chef seiner Idealvorstellung für die notwendige Ergänzung des Teams ganz nahe.

4.2 GRÖSSE DES UNTERNEHMENS UND QUALITÄT DER MITARBEITER

Kleine und mittlere Unternehmen haben es im Wettbewerb um Spitzenkräfte nicht leicht. Die Großen strotzen nur so vor verfügbaren Werberessourcen, vor Bedeutung und vor Reputation und vor vermeintlicher Sicherheit. Es erscheint mir mehr als verständlich, dass potentialstarke Menschen vernunftgetrieben dort ihren Platz suchen, wo sie sich rasch, mit allen erforderlichen Mitteln unterstützt, wirkungsvoll einbringen können und wo ihr Engagement auch von Anfang an entsprechend honoriert wird.

Viele fachliche Könner entbehren einfach des Abenteuertriebs, wie er unabdingbar in kleinen und mittleren Unternehmen erforderlich ist, um die Stärken der Flexibilität, der Innovationskraft und Entscheidungsgeschwindigkeit gegenüber den Großen ausspielen zu können. Auf den ersten und oft auch den zweiten Blick verbleiben den kleinen und mittleren Unternehmen nur jene Arbeits- und Führungskräfte, die bei den Großen kein Dach finden. Gott sei Dank finden sich allerdings nach intensiver Suche immer wieder Menschen mit hervorragendem fachlichen Können, denen die völlige Eingebundenheit in unbewegliche Organisationen ein wahres Greuel ist. Diese Menschen denken zuerst an die Chance, sich selbst in einem lebendigen Umfeld zu entwickeln und weniger an die Sicherheit des Arbeitsplatzes. Wobei in Zeiten von Kündigungswellen heute wohl allen Mitarbeitern klar geworden ist, dass die Größe eines Unternehmens keine Prognose mehr über die Dauer der Beschäftigung erlaubt.

Diese Menschen können es sich nicht vorstellen, Zeit ihres Lebens in einer Unterabteilung eines Konzerns eine zwar saubere, aber auch sehr eng definierte Aufgabe zu erfüllen. Sie wollen auch die hierarchisch bedingten, sich ewig hinziehenden, undurchsichtigen Entscheidungsprozesse im Konzern nicht hinnehmen, sondern selbst nahe an den Geschehnissen sein. Und sie mögen auch die herzhaften, teils kantigen, persönlichen und ehrlichen Umgangsformen in kleineren Unternehmen lieber als den glatt geschliffenen diplomatischen »Worthülsen-Umgangston« in feinen Konzernen.

Als große Frage für den kleinen und mittleren Unternehmer stellt sich, wie er denn an diese zu ihm passenden Könner herankommen kann. Schließlich verfügt er nicht über unbegrenzte Werbeetats für ganzseitige Anzeigen in den Tageszeitungen und für den Einsatz teurer Headhunter. Er muß das fehlende Budget deshalb mit eingesetztem Geist kompensieren. Beispielsweise muss er die potentiellen Bewerber in viel kleineren Anzeigen in viel größeren

Lettern als bisher darauf hinweisen, welch herrliche Befriedigung es ist, ein Unternehmen ganzheitlich zu erleben, es auch ganzheitlich mitzugestalten und damit selbst ein wichtiger Teil des Unternehmenserfolges zu sein. Gerade das kleine und mittlere Unternehmen braucht Mitarbeiter, die Spaß an ihrer Kreativität haben und die Eigenverantwortung mögen.

Ich glaube fest daran, dass eine gezielte Werbung mit den vielseitigen Möglichkeiten, die sich im nicht so gewaltig großen Unternehmen ergeben, genau die richtigen Kandidaten zur Bewerbung triebe und man sodann nicht mehr auf die »Überbleibsel« aus der Industrie angewiesen wäre.

4.3 NEU ZU BESETZENDE FÜHRUNGSPOSITIONEN

Führungspositionen haben es so an sich, dass sie zwischendurch ungewollt und ohne große Ankündigung frei werden. Eine sinnvolle Nachfolge oder Stellvertreterlösung ist in den wenigsten mittelständischen Unternehmen vorbereitet, so dass sich die in Eile zu beantwortende Frage stellt, wer denn die entstandene Lücke füllt. Bekommt der langgediente Mitarbeiter seine Chance oder muss der Nachfolger außerhalb gefunden werden?

Das frische Blut und Hirn, der gut kehrende neue Besen, seine traditionsunbelastete Ungebundenheit und damit auch die mögliche Neutralität sprechen für den »Neuen von außen«. Die detaillierte Kenntnis des Unternehmens, seiner Produkte und Mitarbeiter, die Bekanntheit von Stärken und Schwächen, der geübte Umgang miteinander sowie die bislang nachgewiesene Loyalität favorisieren den »Alten von innen«.

Zuerst stellt sich natürlich die Frage, ob intern überhaupt jemand zu finden ist, der das Potential und den Willen besitzt, um die Stelle anforderungsgemäß auszufüllen. Mir ist es leider mehrere

Male gelungen, einen Mitarbeiter, der mir wegen seines Engagements und seiner beruflichen Leistungen positiv aufgefallen war, »zu Tode zu befördern«, ihn also über seine Talente hinaus einzuschätzen und einzusetzen. Eine in diesem Sinne für das Unternehmen schädliche Entwicklung zeigt sich vor allem dann, wenn der glücklich Beförderte vorher nie Personalverantwortung hatte und nun plötzlich den Häuptling einer Abteilung zu spielen hat.

Zudem ist es mir gelungen – und ich bin mir sicher, nicht der Einzige zu sein – einen befähigten Mitarbeiter völlig zu übersehen und an ihm vorbei einen neuen Mann von außen zu engagieren. Die Folge ist auch hier nicht schwer vorherzusagen. Der Übersehene fühlt sich übergangen und geht zu einem dankbareren Unternehmer, meist zu einem Wettbewerber. Meine reichhaltige und diesbezüglich leider nicht nur rühmliche Erfahrung führt zu der dringenden Empfehlung, zuerst mit aller möglichen und gebotenen Gründlichkeit nach einer internen Lösung zu suchen und erst nach der klaren Vergeblichkeit dieser Bemühungen eine Außenlösung anzustreben.

Warum, fragen Sie? Es ist der bei weitem preiswerteste und sicherste Weg, da der erhebliche Search-Aufwand gespart werden kann. Die guten und die schlechten Seiten des Internen sind bekannt und schützen vor bösen Überraschungen, wie sie bei »Neuen von außen« immer wieder erlebt werden müssen. Auch auf die angestammten Mitarbeiter wirkt die Beförderung eines der ihren motivierend, weil damit nachgewiesen wird, dass das eigene Unternehmen Karrierechancen bietet. Um ein »zu Tode befördern« aber sicher zu verhindern, sollte eine professionelle Potentialanalyse zur Absicherung der Entscheidung vorgenommen werden. Viel wichtiger aber ist, dass man dem »Alten von innen« die gleiche Aufmerksamkeit widmet, wie man sie selbstverständlich jedem »Neuen von außen« entgegenbrächte. Das heißt, dass man ihn bestmöglich auf die Aufgabe vorbereitet, dass man ihm eine vergleichbare Schonfrist einräumt und dass man ihm zur Verfügung steht, wenn er unsicher ist. Es wäre einfach bedauerlich und zu teuer, wenn diese auf die weitere Entwicklung der Abteilung und auf das Leben der neuen Führungskraft so Einfluss nehmende Entscheidung aufgrund mangelnder Sorge und Fürsorge zur Enttäuschung für alle Beteiligten würde.

4.4 DER TRAUM VOM UNFEHLBAREN MANAGEMENT

Wer auf seiner Visitenkarte ähnlich Wichtiges wie Vorstand, Geschäftsführer, Mitglied der Geschäftsführung oder Direktor als Titel stehen hat, genießt allein aus diesem Grund hohes Ansehen. Türen öffnen sich einfacher und Respektbekundungen wie Vermutungen über das wahrscheinlich gewaltige Einkommen werden ausgelöst. Der Manager ist einfach wer.

Vollkommen vergessen wird in dieser weitverbreiteten Vorschussbewertung, dass in jeder sozialen Kategorie, also egal ob bei Taxifahrern, Ärzten, Lehrern oder Anwälten oder eben Managern, nur 3% wirklich Hervorragendes leisten, 30% ihren Job gut machen und der Rest eigentlich den falschen Beruf ausübt. Die Vorstellungen, was Manager eigentlich zu leisten haben, hängt weitgehend vom Standpunkt des Betrachters ab und von dessen Definition des Wortes »managen«. Die mir am besten gefallende Version ist: »Management is getting things done by people«, was soviel heißen soll wie: »Ein guter Manager ist, wem es gelingt, seine Zielvorstellungen durch seine Mitarbeiter entsprechend umgesetzt zu bekommen.«

In diesem Zusammenhang wird mir auch klar, welche Anforderungen ich selbst an einen exzellenten Manager richte. Er muss als erstes selbst Ziele (in diesem Zusammenhang: »things«) haben. Ziele, die sich aus realisierbaren Visionen ableiten. Ziele, die aus seiner Verantwortung entstehen, dem Unternehmen zu dienen.

Ziele, die es dem Unternehmen erlauben, sich positiv vom Wettbewerb zu unterscheiden. Ziele, die es dem Kunden einfach machen, sich für die Produkte, Leistungen und die Menschen seines Unternehmens zu entscheiden. Ziele, die sicherstellen, dass sich außergewöhnlich gute, potentielle Mitarbeiter um eine engagierte Mitarbeit im eigenen Unternehmen bemühen.

Damit sind wir beim zweiten Teil meiner Lieblingsdefinition angelangt: »done by people«. Er, der zu den besten 3% zählende Manager mit seinen klaren unternehmensdienlichen Zielvorstellungen, begeistert durch sein Vorbild und durch seine Fähigkeit zu kommunizieren und zu informieren seine Mitarbeiter in solchem Maße, dass sie freiwillig seine Ziele zu den ihren machen und die Realisierung mit all ihren Fähigkeiten effizient vorantreiben.

Der exzellente Manager ist in gleicher Weise Techniker wie Kaufmann und zudem Psychologe. Er ist risikobereit, aber risikobewusst. Er mag die Menschen, weil er sie und obwohl er sie kennt. Er ist Unternehmer ohne Kapitaleinsatz. Er ist auch ein Universalgenie... und er ist sehr, sehr selten, nur sehr schwer aufzuspüren und schwer zu erkennen, weil er in der Regel nicht laut auftritt.

4.5 PERSONALAUFBAU - FEHLSCHÜSSE GEHEN INS GELD

Unternehmer müssen alles andere als unbedingt Intelligenzbestien sein. Zum Aufbau eines erfolgreichen Imperiums reicht es vollkommen aus, wenn sie zwei ausgeprägte Fähigkeiten haben:

▶ Eine Geschäftsidee, an die sie so stark glauben, dass sie sie unbedingt umsetzen wollen.
▶ Die Fähigkeit, die richtigen Mitarbeiter um sich zu scharen, um diese Idee wirtschaftlich zu verwirklichen.

Die zweite Eigenschaft ist mindestens so wichtig wie die erste, weil die besten Ideen, der unüberbietbare Fleiß, das hervorragende Fachwissen und die gute soziale Einstellung des Chefs allein nicht ausreichen, um ein Unternehmen zu seiner größtmöglichen Blüte zu bringen.

Oft musste ich zusehen, wie hervorragende Ideen zu Tode debattiert werden, weil der unvorsichtigerweise mit der Realisierung beauftragte Mitarbeiter nichts als Bedenken beizutragen imstande war. Hier stellt sich die schwierige Frage, wie der expansionsgetriebene Unternehmer zu angestellten Partnern mit Kompetenz, Begeisterungsfähigkeit, Führungserfahrung, Risikobereitschaft und Durchsetzungskraft kommt. Dass derart begnadete Menschen rar sind, bedarf keiner Erklärung. Aber es gibt sie. Und wenn das Unternehmen gut ist, bekommt sie der Suchende auch zu Gesicht. Lassen wir dahingestellt, wie das erste Treffen zustandekommt. Die entscheidenden, nachhaltig teuren Fehler werden schließlich regelmäßig in der Kennenlern- und Auswahlprozedur begangen. Zu leicht fallen auch alte Hasen (oder gerade sie) auf akademische Grade, dekorativ formulierte Zeugnisse, einen schönen blauen Anzug und stilvoll aufbereitete Bewerbungsunterlagen herein.

Bei der Auswahl eines Mitarbeiters sollten jedoch weniger seine glorreiche Vergangenheit, seine Schauspielkunst und sein aktuell angebotenes Erscheinungsbild erkundet werden, sondern fast ausschließlich seine Eignung für seine künftige Aufgabenstellung.

Unter den vielen mir bekannten Verfahren der Potentialanalyse halte ich gut vorbereitete, tief in die künftige Praxis reichende und professionell veranstaltete Assessment-Center für ein überdurchschnittlich gutes Verfahren, um den Bewerbern die anlässlich von Bewerbungsrunden getragenen Masken abzunehmen. Unüberbietbar allerdings erscheinen mir ganz einfache ein- oder mehrtägige Einstellungstests, die sich ausschließlich aus Aufgaben zusammensetzen, wie sie in der Zukunft auf den Aspiranten zukommen. Lassen wir doch den Ingenieur eine Konstruktion und eine dynamische Berechnung aus seiner zukünftigen Abteilung erarbeiten, soll doch der Vertriebsleiterkandidat ein Gespräch mit einem Kunden und seinen Mitarbeitern führen, und soll er doch ein Konzept erarbeiten, mit dem er 20 % Marktanteil ohne zusätzliche Werbekosten erreicht. Bezahlen Sie den an diesen Tests teilnehmenden Bewerbern ruhig anständige Tagessätze für die eingebrachte Zeit, so dass sich keiner zu Problemlösungen ausgenutzt sieht. Es lohnt sich sehr, den Aufwand für die liebevolle, saubere Vorbereitung solcher transparenzschaffender Prüfungen zu treiben, wie sich nahezu jeder Aufwand rechtfertigt, wenn er dazu beiträgt, Fehler in der Besetzung freier Positionen zu vermeiden.

Die Kosten personeller Irrtümer übertreffen regelmäßig den vorher betriebenen Filterungsaufwand bei weitem. Der mir selbst immer wieder unterlaufene und häufigst angetroffene Fehler ist der, dass man unter den beispielsweise 165 eingegangenen Bewerbern den am Besten erscheinenden nimmt, ohne festgestellt zu haben, ob gerade der auch wirklich gut genug ist.

4.6 (BERUFS-)ANFÄNGER IM UNTERNEHMEN

Wie unglaublich aufregend sich der erste Arbeitstag für neue Mitarbeiter und zwar insbesondere für Berufsanfänger darstellt, wird von den Alteingesessenen im Unternehmen meist ignoriert. Gerade in wirtschaftlich unberechenbarer und schwieriger Zeit gehen die Sorgen, Ängste und Nöte der Mitarbeiter und speziell der Neuen oft in der Alltagshektik unter. Wenn einer schon das Riesenglück hat, einen Arbeitsplatz zu ergattern, dann hat er wenigstens sofort zu beweisen, wie sehr er ihn auch verdient hat.

Für die »Neuankömmlinge« muss es freilich zum Verzweifeln sein, wenn sie schnellstmöglich »Unternehmensdienliches« leisten wollen, weil ihnen ihr Glück durchaus bewusst ist, aber keiner sich die Zeit nimmt, sie richtig wahrzunehmen und sie entsprechend stilvoll in ihre neue berufliche Heimat einzuführen. Ich kann nicht verstehen, welcher Unsinn da in so manchem sich modern nennenden Unternehmen zusammengedacht wird, wenn man glaubt, weil von der ersten Sekunde Personalkosten entstehen, müssten diese von den Neuen auch von der ersten Sekunde an verdient werden. Derartiges Denken kann vielleicht im einfachen gewerblichen Bereich gerade noch verziehen werden. Richtig dumm wäre dasselbe Verhalten des Unternehmens hingegen bei der Besetzung verantwortungsvoller Positionen.

Die ersten Tage im Unternehmen sollten von den Personalverantwortlichen genutzt werden, um die in der Regel sechs Monate währende, teure geistige Integrationszeit zu verkürzen. Alle Informationen, die ein neuer Mitarbeiter benötigt, um das Unternehmen in seiner Kultur, in seinen Zielen, Strategien und anderen Eigenheiten zu verstehen, sollten in der Anfangszeit gezielt von qualifizierten alten Mitarbeitern auf die neuen übertragen werden. In den ersten Tagen bestehen die notwendige Spannung sowie die unerlässliche Neugier und die Konzentration, um alles aufzunehmen, was ein unternehmensdienliches Verhalten erleichtert.

Leider auf breiter Basis undurchführbar, weil schlicht und einfach zu teuer, sind Traineeprogramme, während derer neue Mitarbeiter (hier Hochschulabgänger) Gelegenheit haben, ein Unternehmen durchgängig kennenzulernen und sich dabei selbst auf Neigungen und Fähigkeiten zu überprüfen. Mitarbeiter mit so erworbenem Rundumwissen treffen später bessere Entscheidungen, weil sie nicht nur isolierte Prozesse des Unternehmens erleben konnten. Doch wie gesagt: Die Kosten beschränken auch hier die Mittel, so dass eine allumfassende Einführung sämtlicher neuer Mitarbeiter nicht möglich ist. Und dennoch: Nach meiner Erfahrung erweist sich das für eine umfassende Einführung in die Eigenheiten des Unternehmens investierte Kapital stets als hervorragende Investition. Eine Woche professionell geplanter und durchgeführter Mitarbeiterschulung zu Beginn des Beschäftigungsverhältnisses verkürzt die geistige und seelische Integrationszeit aller neuen Mitarbeiter und besonders die von Berufsanfängern erheblich. Sie reduziert die Anzahl der zwangsläufig später entstehenden »1.000 wilden Fragen« deutlich und zeigt damit einen höchstinteressanten »Return on Invest«.

4.7 WIEVIEL DEMOKRATIE VERTRÄGT EIN UNTERNEHMEN?

Es hört sich an, als kämen die Botschaften direkt aus dem Himmel der Demokratie und der Marktwirtschaft, wenn ich Kollegen aufmerksam bei ihrer Schwärmerei über den großartigen Erfolg ihrer antiautoritären Teamarbeit zuhöre. In wunderschöner Atmosphäre bringt die Gleichgewichtigkeit der Meinungen, die bedingungslose Offenheit sowie die Gleichberechtigung der Teilnehmer die wettbewerbsfähigsten Produkte und Leistungen hervor. Alle Teammitglieder sind glücklich, dabei zu sein und mitgestalten zu dürfen...

Ich kann nur bestätigen, dass Gruppierungen von interessierten Menschen, wenn sie auch Ergebnis- und Leistungswillen zeigen und dazu in einem positiven Umfeld arbeiten, zu hervorragenden Ergebnissen kommen können. Die Qualität des Ergebnisses und die Zeitdauer einer Gruppenarbeit hängt jedoch nicht nur von der Praxis idealistisch-demokratischer Vorgehensweisen, sondern zumindest gleich stark von einer hochqualifizierten Führung des Teams ab. Die wichtigste Fähigkeit des Teamchefs besteht ja darin, sämtliche anwesende Intelligenz aufzuspüren, auf subtile Weise freizulegen und sie anschließend für das angestrebte Ergebnis nutzbar zu machen. Größten Schwierigkeiten begegnet er allerdings dann, wenn aus verschiedenen Teilnehmerköpfen zur selben Problemstellung verschiedene oder gar widersprüchliche Lösungen angeboten werden und sich die Gruppe pro mancher

Lust und contra manchen Frusts entscheiden muss. Nachdem es für keine der Lösungen Erfolgsgarantien gibt, kann die Diskussion endlos und unproduktiv weitergeführt werden. Solche Fehlhandlungen führen wegen ihrer Zielverlorenheit zur Verdrossenheit der Teilnehmer, und es gelingt dauerdiskutierenden, schwach geführten Gruppen immer wieder, großartige Ideen einzelner Beteiligter mit Phrasen zu Tode zu trampeln.

Es bedarf also immer wieder einmal eines Machtwortes, das endlich eine Entscheidung herbeiführt. So widersinnig es klingt, aber Demokratie bedarf stärkerer Führer als eine Diktatur – im Staat wie im Unternehmen. Demokratische Lenker müssen sich nämlich durch Geist, Feingefühl und Wissen jeden Tag aufs Neue qualifizieren. Gruppen ohne Führungspersönlichkeit bestehen hingegen nicht lange. Selbst jeder Kaninchenzuchtverein braucht einen Vorsitzenden, der zu lange Diskussionen beendet, und über den jene, die selbst nie Verantwortung tragen wollen, herzhaft schimpfen, um ihn im nächsten Moment wieder verehren zu können.

Bei der Qualität von Gruppen- und Einzelentscheidungen verhält es sich erfahrungsgemäß so, dass Gruppenentscheidungen selten so schlecht und gefährlich sind wie Einzelentscheidungen, aber auch nie so gut und einmalig. Ich bin mir also ganz sicher, dass gesunde Unternehmen beides brauchen: Einzelentscheidungen sowie gemeinsam erarbeitete Lösungen.

4.8 WISSEN UND KREATIVITÄT DER MITARBEITER ZUTAGE FÖRDERN

Wer davon leben muß, dass er besser zu sein hat als andere, wie dies jedem Unternehmer zu eigen ist, nutzt alle verfügbaren materiellen und geistigen Ressourcen, um dauerhaft zu bestehen. Ob es sich nun um neu anzubietende Produkte handelt, um die Verbesserung von Produktionsverfahren oder um organisatorische Vereinfachungen, Lösungen werden immer am besten von Menschen gefunden, die unter den vorhandenen Zuständen leiden oder von den verbesserten Zuständen Nutzen haben. Dies sind in erster Linie Mitarbeiter, aber auch Kunden. Man muss sie nur ermutigen, sie unbelastet nach Lösungen suchen lassen und ihnen die erforderlichen Rahmenbedingungen offerieren, dann eröffnet sich ein Potential von Ideen und Engagement, die dem Unternehmen ausschließlich dienen.

Ein hervorragendes Instrument, um projektbezogene Verbesserungen zu entdecken und zu realisieren, ist die Installation von interdisziplinär besetzten »Task Forces«. Hier einige erfolgserprobte Hinweise zur Gestaltung ziel- und aufgabenbezogener Arbeitsgruppen:

> ▶ Die Gruppe sollte fünf Stamm-Mitglieder nicht überschreiten. Sie braucht einen moderationserfahrenen Leiter, der bei aller moderaten Führung die eigentlichen Ziele nicht vergisst.

> ▶ Die Gruppe sollte mit von der Sache betroffenen und in der Sache kompetenten Mitarbeitern aus verschiedenen Bereichen besetzt sein. So könnten bei einer Produktneuentwicklung ein Konstrukteur, ein Vertriebsmann, ein Kalkulator, ein Designer und ein Produktionsmeister mitwirken.

> ▶ Die Mitglieder der Gruppe müssen für die »Task Force«-Zeit von ihrem Tagesgeschäft befreit sein.

> ▶ Die Gruppe muß ungestört arbeiten können. Am besten isoliert sie sich in einem abgelegenen Hotel, in dem während der Tagung niemand aus dem Unternehmen anrufen darf.

> ▶ Nach ihrer Tagung gehen die Mitglieder mit Hausaufgaben zurück an ihre Arbeitsplätze, um nach zwei Wochen wieder in eine Klausur zu gehen.

▶ Die Geschäftsleitung muss voll hinter diesem etwas außergewöhnlichen Prozess stehen. Sie wird spätestens nach zwei Klausuren in einer Präsentation durch die Mitglieder über den Stand der Entwicklung informiert.

Die Vorteile des aufwendig erscheinenden Verfahrens liegen auf der Hand. Das Zusammenwirken verschiedener betroffener Unternehmensteile führt zur vorausschauenden Optimierung des angestrebten Zustands. Die ungestörte Abgeschiedenheit führt zu konzentrierter Leistung. Die interdisziplinäre und ungewohnte Zusammensetzung des Teams führt zu Kreativitätsschüben wie sie sonst kaum erreichbar sind. Der immer wieder auftretende Widerstand gegen Neuerungen bei der Umsetzung der Ergebnisse ist durch die Vertretung der einzelnen Gruppen in der »Task Force« weitgehendst eliminiert. Die Ergebnisse zeichnen sich in der Regel durch ein hohes Maß an positiver Energie und Neuerung aus und tragen so zur Steigerung der Wettbewerbsfähigkeit des Unternehmens bei. Und dies schneller und preiswerter als mit jedem anderen mir bekannten Verfahren.

4.9 PSYCHOLOGEN IN UNTERNEHMEN

Der Mensch steht erklärtermaßen in fast allen Unternehmen, ob ehrlichlicherweise oder scheinheiligerweise, im Mittelpunkt. Das heißt, die Sorge um das Humankapital wird zur zentralen Frage ernannt. Nur kenne ich wenige Führungsverantwortliche, die klar definieren, wie sich diese Sorge in Taten und im geschäftlichen Alltag spürbar macht. Und ich kenne auch nur ganz wenige, die zum Beispiel die Sorge um das Wohlbefinden der Menschen, also auch deren Seelen, von Spezialisten tragen bzw. Profis so agieren lassen, dass gar keine echten Sorgen entstehen.

Personalleiter zeichnen sich in der Regel durch ein abgeschlossenes Jurastudium aus. Wenige haben tatsächlich noch ein halbes Semester Soziologie oder Psychologie angehängt. Diese Zusatzkenntnisse werden nur zu gern benutzt, um sich das eine oder andere spaßige Verhalten von betreuten Mitarbeitern leichter erklären zu können, viel weniger aber dazu, dem Mitarbeiter durch Kenntnis seiner Gemütslage zu helfen, die eine oder andere für ihn schwierige Situation zu meistern. Natürlich sind Unternehmen auf Gewinnerzielung angelegte wirtschaftliche Gebilde und keinesfalls Sozialstationen oder Seelenheilstätten. Sie leben und wirtschaften aber effizienter, wenn sie sich in der Beurteilung der Sozialkompetenz eines Mitarbeiters oder Bewerbers nicht nur dem eigenen meist laienhaften Empfinden, sondern auch der fundierten wissenschaftlichen Betrachtung des Profis bedienen.

Ich halte nichts von der Glorifizierung aller lebenden Psychologen, doch bin ich mir sicher, dass erfahrene, auf Betriebspsychologie spezialisierte Experten dem Unternehmen und auch den Mitarbeitern eine Menge herbe und vor allem sehr teure Enttäuschungen ersparen könnten. Es beginnt bei der Rekrutierung neuer Mitarbeiter, setzt sich in der Leistungsbeurteilung fort und hat bei der Übergabe neuer Aufgaben schwerwiegende Bedeutung.

Zu bedenken ist, wieviel hartverdientes Geld vernichtet wird, sofern aus Gründen der Aufwandsdisziplin beim Einstellungsverfahren der falsche Kandidat eine bedeutende Stelle bekommt, der richtige aber unerkannt unter den Bewerbern bleibt und eine Absage erhält. Der konkret angerichtete Schaden, die versäumten Chancen, die Kosten für die Neusuche und die negative Wirkung auf das menschliche Umfeld befinden sich je nach Position rasch im sechsstelligen Euro-Bereich.

Ich rate keinesfalls dazu, dass nun jeder 20-Mann-Betrieb einen Psychologen zu beschäftigen hat, aber sehr wohl empfehle ich die Einholung fachlichen Rats etwa in der Gestaltung des Rekrutierungsverfahrens. Auch bei der Durchführung von Assessment-

Centern oder bei der Analyse der Potentiale von Kandidaten für Führungspositionen ist Expertenrat empfehlenswert.

Der gesunde Menschenverstand der Personalverantwortlichen darf dabei keinesfalls außer Kraft gesetzt werden. Doch der gesunde Menschenverstand sollte einem ja nahelegen, sich zur Sicherung der eigenen Entscheidungsfindung von Fachleuten beraten zu lassen. Warum also nicht genauso, wenn es um Menschen geht? Die wirtschaftlichen Gründe sprechen einwandfrei dafür, aber es hätte ja auch noch den Nebeneffekt, dass unter Nutzung der Spezialkenntnisse über Seelen im Unternehmen die eine oder andere notwendige menschliche Grausamkeit erträglicher gestaltet werden könnte.

4.10 GERECHTE BEURTEILUNG VON MITARBEITERN - EINE UTOPIE

Wer von uns Führungsverantwortlichen möchte die anvertrauten Mitarbeiter nicht gern durch eine möglichst zweifelsfreie Bewertung ihrer nutzbaren Fähigkeiten zu Höchstleistungen beflügeln? Und welcher Mitarbeiter wäre nicht dankbar, wenn er das Gefühl hätte, von seinen Vorgesetzten nicht nur als irgendwie brauchbar angesehen, sondern ernsthaft betrachtet und seinen Leistungen entsprechend eingesetzt zu werden?

Natürlich ist Gerechtigkeit ein ideeller, wenn nicht sogar ein utopischer Begriff, vor allem dann, wenn es darum geht, Menschen zu beurteilen. Sollte nun der Anschein der Unerreichbarkeit einer gerechten Beurteilung dazu führen, dass man den Aufwand eines Beurteilungssystems schon aus diesem Grund als unsinnig einstuft und die Idee damit völlig verwirft? Nach meiner Erfahrung sind zumindest die leistungsfähigen und leistungswilligen Mitarbeiter für jeden Versuch dankbar, der die Bewertung ihres Beitrages zum Unternehmenserfolg über Willkür hinaushebt. Schließlich hängen ihre Einkommensgestaltungen und Karrierechancen davon ab, wie gut oder wie verbesserungsbedürftig Mitarbeiter von ihren Vorgesetzten gesehen werden. Schon das reine Bemühen um eine Annäherung an eine objektive Beurteilung wird als Fortschritt für das Erreichen eines sinnvollen Zusammenwirkens dankbar aufgenommen.

Die erreichbaren Erfolge dienen dem Unternehmen mindestens so sehr wie dem Beurteilten. Ein sensibles System mit auf die Eigenarten des Unternehmens zugeschnittenen Leistungskriterien lässt nützliche Vergleiche ziehen, einerseits zwischen vergleichbaren Positionen in den Abteilungen, andererseits auf Unternehmensebene zwischen den Bereichen. Herrliche Erkenntnisse lassen sich auch aus den Qualitäten der Vorgesetzten, die Beurteilungen ihrer Mitarbeiter durchführen, folgern. Jede Beurteilungsrunde ergibt zwangsläufig ein auskunftsstarkes internes Benchmarking. Wirtschaftlich besonders wirksam werden gut eingeführte Systeme allerdings dadurch, dass die ständigen, nicht zu vermeidenden Diskussionen über willkürliche Fehlbeurteilungen und das unvermeidliche Ungerechtigkeitsgeschrei auf ein Minimalmaß reduziert werden können.

Folgendes Grundgerüst empfehle ich zur erfolgreichen Gestaltung eines Mitarbeiter-Bewertungssystems:

> ▶ Erstellen Sie mit der Mitarbeitervertretung einen Katalog von zehn bis maximal 20 Kriterien, die in Ihrem Unternehmen besonders wichtig erscheinen, beispielsweise Leistungswille, Weiterbildungsbereitschaft, Arbeitsmenge etc.
> ▶ Verwenden sie eine Qualifizierungsleiter von sechs bis zehn Stufen.
> ▶ Bereiten sie Ihre Mitarbeiter in einer Betriebsversammlung auf das System vor. Das System wird vorzugsweise vom obersten Chef des Unternehmens vorgestellt, um die Bedeutung der Maßnahme zu unterstreichen.

▶ Schulen Sie die Vorgesetzten sorgfältig, um nicht durch Missinterpretationen die Gefahr heraufzubeschwören, das System für unglaubwürdig zu halten.
▶ Der wichtigste Teil der Beurteilung ist das gut vorbereitete Gespräch zwischen Beurteiler und Beurteiltem. Ein Zeitrahmen von zwei Stunden erweist sich als brauchbar.
▶ Das Gesprächsergebnis muß schriftlich festgehalten und dem Mitarbeiter ausgehändigt werden.

In diesen Gesprächen sollte in sauberster Form über alle anfallenden Missverständnisse und notwendigen Verständnisse diskutiert werden. Unverzichtbare Inhalte sind folgende Punkte:

▶ Abweichungen von den definierten Vorstellungen und Versprechungen
▶ Nöte und Verbesserungspotentiale beider Seiten
▶ Schulungsbedarf
▶ Stimmungen in der Abteilung und deren Hintergrund
▶ Kommunikationserfordernisse
▶ Zielvereinbarungen für die nächste Leistungsperiode

Inwieweit das durch die Benotungsskala quantifizierte Ergebnis Eingang in die direkte Einkommensgestaltung finden soll, hängt sicher vom Rang des Beurteilten ab. Zweifellos erhöht es die Ernsthaftigkeit des gegenseitigen Bemühens, wenn das Ergebnis auch materiell spürbar wird. Übrigens habe ich kaum einen Mitarbeiter erlebt, der nicht frisch motiviert aus dem Gespräch gegangen wäre, auch wenn seine Beurteilung gar nicht so toll war. Er hatte hinterher zumindest das beruhigende Gefühl, dass sich der Vorgesetzte eingehend mit ihm befasst, es sich also nicht leicht gemacht hat, seine Fähigkeiten zu erkennen und ihn dementsprechend einzusetzen.

4.11 WERT UND WITZ VON ZEUGNISSEN

Arbeitszeugnisse teilen sich in einen Alibi-Teil (Der Mitarbeiter war so und so lange beim Arbeitgeber beschäftigt...), einen Unterhaltungs-Teil (Womit sollte er dort hauptsächlich sein Geld verdienen...) und einen Leistungsbewertungs-Teil (Wie hat er sich dabei angestellt und aufgeführt...). Sinn von Zeugnissen ist, dass sich der interessierte Leser ein möglichst klares Bild eines zeitlich definierten Teils der Vergangenheit eines Menschen machen können soll.

Ziemlich unstritig sind die Werte der Aussagen des »Alibi-Teils« und der Aufgabenbeschreibung. Kann der Leser jedoch anhand der zeugnisausstellenden Adresse deren Ruf und Größe ersehen und die Zeitdauer der Gemeinsamkeit, dann aus der Aufgabenbeschreibung, ob der Kandidat mit Tätigkeiten beauftragt war, die seiner künftigen Beschäftigung dienlich sind. Aus diesen Quellen lässt sich erkennen, ob und wie oft der Beschriebene Lücken in seiner Karriere hat. Beides sind mehr oder weniger reine Faktenbeschreibungen und deshalb kaum subjektiv, also glaubwürdig.

In der Wertung der enthaltenen persönlichen Leistungsbeschreibungen ist allerdings größte Vorsicht geboten. Die dort nachzulesenden Urteile entsprechen aus mehreren Gründen nicht unbedingt der Wahrheit.

Erstens handelt es sich meist um die subjektiven Eindrücke eines Vorgesetzten, über den man sich erst ein Bild machen müsste. Zweitens ist der Zeugnisautor per Gesetz zum Lügen gezwungen, wenn er im Verhalten Negatives, Karrierebehinderndes festgestellt hat und dies auch noch ausdrücken möchte. Er darf nämlich nur »Schönes verfassen«. Die Geheimcodes der Personalchefs sind inzwischen jedoch so bekannt, dass sie nichts mehr taugen und bei Anwendung im negativen Bereich auch zu gerichtlichen Auseinandersetzungen führen können. Drittens ist mir bekannt, dass hervorragende Zeugnisse als Teil von Abfindungsverhandlungen gelten, also als materielle Billigmacher benutzt werden. Viertens verhalten sich Menschen den jeweiligen Umständen entsprechend. Das heißt, der Mensch ist kein berechenbarer, programmierbarer Roboter, sondern er hat ein eigenwilliges, feinsinnig reagierendes System, die Seele, die ihn steuert. Das aber heißt, dass ein aus einer speziellen Situation heraus zurecht schlecht beurteilter Mensch in einer neuen, für ihn positiven Umgebung durchaus zu Höchstleistungen auflaufen kann.

Ich halte die Beurteilung der persönlichen Leistungen für einen ganz schwachen Ansatz, um sich ein entscheidungsstützendes Bild von Kandidaten zu schaffen. Zeugnisse dienen aber als hervorragende Basis für einen Fragenkatalog, den sich der Leser für ein erstes Interview zusammenstellen kann. Und sie dienen als Basis, um die Aussteller anzurufen, in der Hoffnung, im persönlichen Gespräch mehr und Ehrlicheres zu erfahren.

4.12 EINKOMMEN NACH LEISTUNG UND NICHT NACH EINHEITSTARIF

Schon immer gab es Unternehmen, die sich den vor Starrheit strotzenden Tarifverträgen entzogen. Sie haben sich bemüht, ihre Mitarbeiter nach deren spezifischer Leistung und/oder nach den Ergebnissen des Unternehmens zu bezahlen. Verbände haben sich immer wieder mit Gewalt diesen Abweichlern in den Weg gestellt, weil Individualität schwieriger zu überwachen ist. Natürlich scheinen alle Bemühungen nach leistungsgerechten Individualeinkommen immer wieder an kleineren nicht vermeidbaren Ungerechtigkeiten oder an ihrer Kontrollierbarkeit zu scheitern. Dennoch sollte man aber keinesfalls aufgeben, gegen die kommunistische »alle verdienen das Gleiche«-Idee anzukämpfen.

Jede die Einzelleistung honorierende Art der Entlohnung entspricht sehr viel mehr dem Verlangen derer, die zu guter Leistung willens und in der Lage sind. Gerade in der modernen vernetzten Leistungswelt fällt es aber schwer, die Leistung des Individuums isoliert zu erkennen und in Konsequenz zu honorieren. Zu sehr ist die Leistung des Einzelnen von der Zuleistung der anderen am Prozess Beteiligten abhängig. Wie soll ein Montagemitarbeiter die ihm vorgegebenen Werte erreichen, wenn der Dreher vor ihm Schrott produziert oder der Vertrieb die eingeplanten Aufträge gar nicht heranschafft?

Eine endgültige Antwort auf die scheinbar ewig währende Streitfrage zwischen der Gestaltung eines Individualeinkommens und eines leistungsunabhängigen Einheitseinkommens muss offenbar von Fall zu Fall geklärt werden. Basis für die Entscheidung muss die Sauberkeit der Messbarkeit der Einzel- oder Gruppenleistung sein. Sobald bei der Beurteilung der Leistung subjektive Bewertungsmaßstäbe herangezogen werden müssen, sind Ungerechtigkeiten kaum auszuschließen. Diese haben dann die Umkehr der angestrebten Wirkung zur Folge. Um so schwieriger die Einzelleistung messbar ist, desto mehr muss die Leistung der nächst höher gelegenen messbaren, selbstverantwortlichen Gruppe als Maßstab herangezogen werden. Wenn auch die Gruppenergebnisse zu abhängig von der Leistung anderer Gruppen stehen, wird schließlich die höchste im Unternehmen verfügbare Erfolgsebene herangezogen, nämlich das Unternehmensergebnis.

Als beste Lösung habe ich immer angesehen, die Leistungsprämierung in drei Kategorien zu spalten und sie sinnvoll aufzuteilen:

- ▸ das Erreichen persönlicher Ziele
- ▸ das Erreichen der Ziele der Gruppe
- ▸ das Erreichen der Unternehmensziele

Die Gewichtung der Kategorien in der Findung des Leistungseinkommens muss dann am Grad der Messbarkeit der einzelnen

Ergebnisse definiert sein. Zur Motivation eines leistungswilligen, fähigen Mitarbeiters dient zweifelsfrei die individuelle Honorierung am besten, weil er sich am stärksten fühlt, wenn er allein arbeiten kann. Er verlässt sich nicht gern auf die Zuleistung anderer.

Von größter Wichtigkeit bei allen leistungsbezogenen Einkommenssystemen erscheint mir die höchst präzise Festlegung der Konditionen, unter denen es zu Leistungshonorierung kommen wird. Immer wieder höre ich von total missglückten Versuchen, diese Art der Einkommensgerechtigkeit zu installieren. Die Ursache liegt meist darin begründet, dass entweder mit dem jeweiligen System unerfüllbare Hoffnungen erzeugt wurden oder dass die Ziele materiell und zeitlich nicht klar definiert wurden. Bestens gemeinte Motivation endet in diesen Fällen nicht selten in juristischen Auseinandersetzungen. Ein Aspekt sollte bei leistungs- bzw. erfolgsabhängigen Einkommensanteilen freilich nicht vergessen werden. Die Honorierung sollte zeitlich nicht zu lange vom erzielten Erfolg entfernt liegen, weil der Motivationseffekt zwangsläufig mit dem Abstand nachlässt.

Auch bei einer Beteiligung am Jahresergebnis des Unternehmens wirkt eine Zwischenhonorierung, etwa in Form von Quartalsausschüttungen, erheblich vitaler als wenn der Bonus erst nach dem weit entfernt liegenden Abschluss der Prüfe gezahlt wird. Man braucht sich als ehrlicher Unternehmer eigentlich nur selbst zu fragen, bei welcher Art der Honorierung man sich wohl fühlt und bei welcher man sich selbst positiv nach vorne getrieben fühlt. Ähnliches sollte man dann auch für seine Mitarbeiter installieren.

4.13 DIE SCHLECHTE NACHRICHT FÜR DAS TEAM

Nichts motiviert mehr als der allseits angestrebte Erfolg eines Unternehmens. Deshalb genießt es jede Führungskraft, den anvertrauten Mitarbeitern durch die Übermittlung froher Botschaften ein Strahlen im Gesicht und anschließend höhere Leistungen abzuringen. Doch auch hervorragende Unternehmen entwickeln sich wellenförmig nach oben. Auch sie müssen immer wieder unbequeme Täler in der generellen Aufwärtsentwicklung durchschreiten. Abwärtsbewegungen ziehen zwangsläufig unpopuläre Entscheidungen nach sich. Diese kann man entweder so falsch zu den Betroffenen transportieren, dass sie das Unglück nur noch vergrößern, oder aber so richtig, dass ein wesentlicher Teil der Mannschaft, und zwar der für das Unternehmen wichtige, motiviert an die rasche Reparatur des Schadens herangehen wird.

Die Umsetzungseffizienz schwieriger und unbequemer Entscheidungen steigt proportional mit der Klarheit, Offenheit und Feinsinnigkeit der Begründung für die Entstehung des unerfreulichen Umstandes sowie mit der ausführlichen Erklärung der zu treffenden Maßnahmen.

Wenn im Unternehmen Unangenehmes zu verkünden ist, so geht dies meist mit geforderten Verzichten auf liebgewonnene Besitzstände einher. Überstunden müssen geleistet werden oder Kurzarbeit ist zu akzeptieren, ein Werk wird geschlossen, und Arbeitsplätze müssen geopfert werden oder Fixeinkommen werden zugunsten eines variablen Einkommenssystems reduziert. Den offiziellen Verlautbarungen, wenn sie denn überhaupt erscheinen, gehen in kritischen Situationen immer wilde und gefährliche, weil meist demoralisierende Botschaften aus der Gerüchteküche voraus. Die dabei transportierten Mischungen aus Halbgehörtem und Wichtigtuerei richten jedoch ausschließlich Schaden an und sollten deshalb mit allen verfügbaren Mitteln vermieden werden.

Ich halte es daher für ein gutes Rezept, den Gerüchten durch rechtzeitige, ehrliche und verständliche Information keine Chance zu geben und die besten Mitarbeiter in die Entscheidungsprozesse einzubeziehen und ihnen zu bekunden, dass ihr Dienst jetzt mehr gebraucht werden wird als je zuvor. Sie können dann ziemlich sicher sein, dass nicht Ihre besten Mitarbeiter als erste kündigen und dass Sie Ihre Besten auch als Umsetzungshilfe bei den notwendigen Korrekturen gewonnen haben. Ich konnte immer wieder feststellen, dass auch unangenehmste Mitteilungen sogar äußerst motivierend wirken, da sich die Betroffenen ernstgenommen fühlten und sich voll in den Dienst der Verbesserung stellten.

Das schlimmste Fehlverhalten wäre sicher, die Beurteilung kritischer Situationen durch die Mitarbeiter dem Zufall zu überlassen. Ich habe jedenfalls noch keine unkontrollierte Nachrichtenentwicklung erlebt, die besser als die Realität gewesen wäre.

4.14 DAS MITWACHSEN DER MITARBEITER

Dass Wachstum für ein Unternehmen eine Sorge oder ein Problem darstellen könnte, kann man sich in diesen wirtschaftlich trüben Tagen kaum vorstellen, da alle erkennbaren Aktivitäten doch sehr viel mehr auf Schrumpfung ausgerichtet sind. Die Flaute bietet aber auch Chancen, sich auf die nächste Wachstumswelle vorzubereiten. Das bei weitem bekannteste und von begeisterten Unternehmern nur schwer zu verstehende Wachstumsärgernis ist zweifellos die Finanzierung einer an sich freudigen und gewünschten progressiven Entwicklung.

Weniger auffällig, aber nicht weniger aufregend und gefährlich, zeigen sich Versäumnisse in der wachstumsangepassten Entwicklung der Mitarbeiterschaft. Es muss dem Unternehmer gelingen, seine Mitarbeiter zum geistigen Mitwachsen zu ermutigen und/oder rechtzeitig geeignete neue Mitarbeiter einzustellen. Wenn aber eine ganze Branche boomt, so sind Bewerber knapp. Damit ist selbst die Neugewinnung von guten Angestellten alles andere als einfach. Für die Stamm-Mannschaft heißt das, dass zumindest übergangsmäßig erhebliche zusätzliche körperliche und geistige Belastungen auf sie einströmen, die nur bewältigt werden, wenn sie nicht in ihrem wohligen Besitzstand eingedämmert sind.

Idealerweise läßt sich durch geeignete Denkarbeit die Pro-Kopf-Leistung eines Unternehmens steigern und damit die Kapazität per Rationalisierung erweitern, ohne gleich die Anzahl der engagierten Köpfe zu erhöhen. Voraussetzung für erfolgreiches Köpfesparen bei gleichzeitigem Kapazitätsgewinn ist ein vom Unternehmer bei den Mitarbeitern erzeugtes Gefühl der Mitunternehmerschaft. Dies ist alles andere als per Knopfdruck zu erzeugen, sondern bedarf eines dauernden Reifeprozesses, der ständig von unternehmerischen Enzymen in Gang gehalten werden muss.

Dem Unternehmen dienende, mitdenkende Mitarbeiter brauchen zu ihrer vollen Wirksamkeit Informationen über die beabsichtigten Bewegungen des Unternehmens. Sie brauchen das volle Vertrauen des Chefs in ihre Fähigkeiten und ihre Loyalität. Sie brauchen das Gefühl ihrer Wichtigkeit. Und sie brauchen konkrete, auf die Zielsetzung ausgerichete Weiterbildungsangebote, um neueste Erkenntnisse schnellstens vermittelt zu bekommen.

Schleicht sich hier etwas romantische Träumerei in meine Vorstellungen ein? Ich glaube nicht, denn wir Chefs brauchen uns doch nur in die Rolle unserer Mitarbeiter zu versetzen und zu prüfen, unter welchen Umständen wir gern mit dem uns beschäftigenden Unternehmen mitwachsen wollten und unser Bestes gäben.

4.15 DIE FAIRE TRENNUNG

Bisher konnte ich noch keinen Unternehmer treffen, der nicht mit Stolz verkünden würde, wie viele Mitarbeiter er beschäftigt, vor allem dann, wenn ihre Zahl den Gewinnerwartungen nicht entgegenarbeitet. Und ebenso kenne ich keinen Kollegen, der mit

Lust seine Mannschaft dezimieren würde. In der Regel ist die Notwendigkeit, Menschen entlassen zu müssen, für die meisten Unternehmer die wohl gefürchtetste Situation und Aufgabe.

In der Marktwirtschaft findet ein ständiger, im Prinzip nichts als gesunder Erneuerungsprozess statt, der eben seine Opfer fordert. So kommt nahezu jedes noch so gute Unternehmen immer wieder in die Situation, sich von Mitarbeitern trennen zu müssen, um dem Betrieb und den verbleibenden Kollegen die Existenz zu sichern. In den Gesetzen und in den Tarifverträgen finden sich nun wirklich ausreichend Regeln, um die Interessen der dann unglücklich Betroffenen vor groben, unsozialen Verletzungen zu schützen. So berücksichtigt das Regelwerk das Alter, die spezifischen sozialen Verhältnisse sowie die Betriebszugehörigkeit sehr wohl. Trotzdem entwickelt sich bei mir immer wieder ein schaler Beigeschmack, wenn ich sehe, wie so manche Kündigung trotz des Schutzes unnötig unmenschlich vollzogen wird. Ich rede hier nicht von weiteren sozialrechtlichen Zugeständnissen, die zu noch höheren Trennungskosten führen würden. Nein, ich rede von der Sorge um die Psyche der Betroffenen. Wer noch nie gekündigt wurde, hat offensichtlich nicht genug Gefühl dafür, was für ein bedeutender, grausamer Eingriff dies in ein Leben darstellt, wenn jemand erfahren muss, nicht mehr gebraucht zu werden.

Wie soll der/diejenige es dem Partner, den Kindern, den Freunden aufrechten Hauptes erklären, dass er nicht mehr gut genug ist, um für seine Leistung weiterhin vom Arbeitgeber entlohnt zu werden? Ich kann mir vorstellen, dass es den Ausgewählten verdammt gut täte, wenn sie eine entschuldende und ihnen dankende Erklärung in Schriftform erhielten, die sie ihr engstes Umfeld zum glaubwürdigen Nachweis ihrer Tauglichkeit lesen lassen könnten. Ein gut formulierter Brief kann hier Wunder wirken. Vor allem aber sollte der Betroffene das Gefühl haben, dass er nicht Opfer eines Willküraktes oder einer Modeerscheinung wurde, sondern dass der unschöne Akt aus einer nicht zu verhindernden wirtschaftlichen Zwangslage resultiert. Eine ausführliche Information über die Ursachen der Fehlentwicklung scheint mir die wichtigste aller Fairnesskomponenten zu sein. Ich glaube, es würde dem jeweils verantwortlichen Chef und dem Unternehmertum insgesamt sehr gut tun, wenn man sich auch in so kritischen, allseits Belastung erzeugenden Situationen ein wenig guten Stil erlauben würde. Das kostet nicht viel, hilft dem Gekündigten und dient darüber hinaus dem Ruf des Unternehmens, das ja möglicherweise und hoffentlich aufgrund sich bessernder Ergebnisse bald wieder Mitarbeiter braucht. Abschließend sei jedoch gesagt, dass ich für Mitarbeiter, die Anlass zu ihrer fristlosen Kündigung bieten, überhaupt kein Mitleid empfinde.

4.16 FRAUEN IN DER METZGEREI… UND IN FÜHRUNGSPOSITIONEN

Der Mann schlachtet die Kuh und verarbeitet sie zu einer anerkannt würzigen, gutschmeckenden Wurst – und er ist heilfroh, mit den Kunden nichts zu tun zu haben. Die Frau bedient, weil sie das freundlichere Lächeln hat und steht an der Kasse, weil sie einen ebenso klaren Verstand hat wie er, aber auch noch die flinkeren Finger beim Eintippen und Verpacken. Das Lehrmädchen passt auf die Kinder auf.

So in etwa könnte die althergebrachte, lange bewährte Arbeitsteilung in der kleinen, aber von den Kunden gern angesteuerten Metzgerei aussehen. Viele kleinere und mittlere Betriebe funktionieren nach diesem Muster und ohne jeden Quotenzwang ganz prächtig. Die Frau leistet dabei voller Selbstbewusstsein hervorragende Beiträge zum gemeinsamen Erfolg. Doch die allseits bekannte Karrierefrau mag keine kleinen Endkunden bedienen, sondern Marketingstrategien entwickeln und 100 Mitarbeiter unter sich sehen, am liebsten Männer natürlich, weil sie sich mit denen besser versteht, wie sie sagt.

In der versachlichten kapitalorientierten Großwirtschaft bewähren sich hoch kompetente Frauen in Spitzenpositionen und werden auch als gleichberechtigte Partner ernst genommen. Jedenfalls besteht kein Widerstand gegen das Geschlecht, sondern höchstens gegen einzelne sonderbare Auswüchse, die es in gleicher Weise in der Führungsebene unter Männern gibt. Ich habe immer wieder kompetenten Frauen die Chance zur Übernahme von Führungsaufgaben geboten und festgestellt, dass

> ▶ sie unter erschwerten Bedingungen sehr viel besseres zu leisten im Stande sind als Männer, um in ihrem Zuständigkeitsbereich, in ihrer neuen Welt, akzeptiert zu werden.
> ▶ sie ihre Führungsaufgaben mit unvergleichbar größerem Einsatz angehen als Männer und schon deshalb anecken.
> ▶ die größten Akzeptanzfeinde nicht etwa die Männer sind, sondern andere ehrgeizige oder auch nur neidische Frauen.

Es gibt in jedem Unternehmen Führungspositionen, die aufgrund der spezifischen Anforderungen, etwa an das Einfühlungsvermögen, besser von Frauen ausgefüllt wären. Endgültig lösbar scheint mir das Frau-Mann-Problem in Unternehmen allerdings genauso wenig wie alle anderen Probleme auch, die auf irgend eine Weise mit der Ungleichheit der Menschen zusammenhängen. Würde man allerdings der Natur etwas mehr Gehör verleihen, könnten sich zumindest ganz unnötige Verkrampfungen lösen. Die Natur hat nämlich Mann und Frau ganz offensichtlich auf Ergänzung angelegt und nicht auf Wettbewerb. Denken wir doch einfach noch einmal an die herrliche Arbeitsteilung in der Metzgerei.

4.17 FAMILIE UND FREUNDE IM UNTERNEHMEN

Bei Kleinstunternehmen trifft man ihn häufig an, den sogenannten »VaterMutterKind- und WauWau-Betrieb«. Typisch hierfür sind Handwerks- und kleinere Handelsbetriebe, in denen der

Vater mit den Kindern Produktion und Verkauf regelt, die Mutter in der Buchhaltung die Hand auf dem Geld hat und der Hund Ladendiebe oder unerwünschte Besucher erschreckt. Diese Unternehmen sind reich an Ehrgeiz, Einsatzfreude und Harmonie der Akteure. Schließlich arbeitet man für sich und die Familie und wegen der besonderen Umstände nicht besonders angestrengt fürs Finanzamt. Ich glaube, dass eine solche Struktur am besten geeignet ist, um die denkbar besten Nettoeinkommen zu erzeugen. Übertragbar auf größere Unternehmen sind diese »Idyllen« nicht.

Mit der Zahl der Mitarbeiter, mit steigenden Umsätzen, anderer Rechtsform sowie bei industrieller Kunden- und Kapitalstruktur wandeln sich familiäre Verbindungen im Unternehmen schnell von unverdorbener Freude zur fortschrittshemmenden Last. Wie oft werden gleichberechtigte Geschwister von Mitarbeitern vorteilsheischend gegeneinander ausgespielt oder benutzt, um kurzfristige Vergünstigungen zu erringen. Das anschließende Gerangel um die Wahrheiten führt zur Demotivation aller Beteiligten und zu wirtschaftlichen Schäden. Wie oft übertragen sich auch geschäftliche Probleme in die private Welt der Verwandten und zerstören beste familiäre Beziehungen und auch die notwendigen Harmonien, um gemeinsam geschäftlich erfolgreich zu sein.

Erhebliche Probleme entstehen auch bei der Gewinnung qualifizierter Mitarbeiter von außen. Potentielle Bewerber schrecken bei Kenntnisnahme enger familiärer Verflechtungen und starker Familienpräsenz zurück. Sie fürchten, bisweilen wohl auch nicht ganz zu unrecht, dass Karrieren im Unternehmen nicht nach Leistung, sondern nach dem Verwandtschaftsgrad zustandekommen. Es riecht eben in derartigen Klüngelgebilden förmlich nach Willkür.

Aber auch in der tagtäglichen Wahrnehmung von Führungsaufgaben stehen zu enge Familienbande einer zielorientierten Weiterentwicklung des Unternehmens eher im Weg, als dass sie dem

Unternehmen dienlich wären. Es entsteht in der Regel schnell ein zumindest von familienfremden Mitarbeitern so empfundenes Zweiklassen-Leistungsbewertungssystem. Clan-Mitglieder erhalten in Sachen Glaubwürdigkeit, Leistungsvermutung, Einkommensmöglichkeiten oder Tolerierung von Fehlgriffen teils neiderregende Privilegien.

Es gibt nur ganz wenige qualifizierte, also fachlich und zugleich sozial kompetente Menschen, die ein derartiges Zweiklassensystem lange durchstehen, wenn sie nicht auf der bevorzugten Seite stehen. Die Durchsetzung eines Unternehmens mit Freunden und Verwandten führt, soweit ich das beobachten konnte, höchst selten und nur für kurze Zeit zu allseits glücklichen Zuständen. Bei dynamischem Wachstum des Unternehmens sollte ganz schnell eingesehen werden, dass Professionalität nicht einfach durch Verwandtschaft ererbt werden kann und dass ein Unternehmen, wenn es verantwortlich entwickelt werden soll, nicht von den nächsten Verwandten, sondern von den besten verfügbaren Profis geleitet werden sollte.

4.18 DUZEN IM UNTERNEHMEN

Die erfreuliche Gestaltung menschlicher Beziehungen ist beruflich und privat die wohl am schwierigsten zu lösende Aufgabe im ganzen sozialen Geschehen. In der räumlichen und geistigen Nähe eines Betriebs toben sich Beziehungen aus – oder sie verkümmern zu einem strikt regelhörigem Nebeneinander. Beides findet täglich allenthalben statt. In unseren Landen nutzen wir das »Duzen« und das »Siezen« als Form der Beziehungskontrolle, und es wird immer wieder und immer noch sehr ernst genommen.

»Wir duzen uns alle« wird in modernen Unternehmen als sozialer Fortschritt und als Teil der Unternehmenskultur verkauft. Im Gegensatz dazu erlebe ich in einem Unternehmen, das gerade unter einem Generationenwechsel leidet, wie der 35jährige Juniorchef alle Mitarbeiter die ihn seit der Kindheit kennen und duzen, anweist, ihn, den neuen Chef, nun mit »Sie« anzusprechen. Nach meiner ersten USA-Reise konnte ich unser striktes »Sie« im geschäftlichen Verkehr überhaupt nicht mehr verstehen. Ich hatte in vielen großen und kleinen amerikanischen und britischen Unternehmen gelernt, wie herrlich unkompliziert sich George der Vorarbeiter mit Mike dem Schlosser und CEO John mit dem Vertriebsmitarbeiter Herb unterhält, ohne dass jemand daran dächte, dadurch käme die Hierarchie ins Wanken. Richtig lächerlich und peinlich finde ich, wenn Kompromisse angewandt werden wie »Petra, Sie« oder »Knürr, Du« - oder, noch schlimmer: wenn sich Kollegen im Geschäft siezen, während sie sich privat duzen.

Mir persönlich lag stets der entspannte, unkomplizierte Umgang mit meiner menschlichen Umwelt am Herzen. Daher habe ich nie einen Nachteil darin gesehen, dass ich mit Mitarbeitern das »Du« pflegte und zwar das »bedingungslose Du«. Natürlich glaubte da der eine oder andere, dies als Privileg verstehen zu müssen und es dann auch zu missbrauchen. Dann führt man halt ein klärendes Gespräch. Nie habe ich Vorgesetzte verstanden, die glaubten, über das förmliche »Sie« eine stärkere Position gegenüber Mitarbeiter zu erzielen. Jeder Chef sollte doch in der Lage sein, sich anderweitig von Untergebenen zu differenzieren. Doch ich bin in diesem Punkt auch enttäuscht von mir selbst, denn, bei aller Liebe zur Unkompliziertheit des Umgangs, käme ich nicht auf die Idee, in Deutschland einen Fremden mit »Du« anzusprechen.

4.19 SOZIALE EINRICHTUNGEN: BEQUEMLICHKEIT, KOSTEN, ÄRGER

Als Dauerbrenner innerbetrieblicher Auseinandersetzungen treten gerade jene Einrichtungen in den Vordergrund, die gern als freiwillig und sozial bezeichnet werden. Es ist für die Mitarbeiter zweifellos sehr angenehm, wenn die Kinder im betrieblichen

Kindergarten abgeliefert, Getränke und Speisen in der Kantine eingenommen und Firmenwägen auch privat genutzt werden können. Auch der Englisch- oder der EDV-Kurs in den eigenen Geschäftsräumen motiviert mehr zur Teilnahme, als der, den man erst mit der U-Bahn ansteuern muss. Und natürlich wird der Betriebsausflug, »der Festtag der internen Kommunikation«, als unverzichtbar eingestuft. Ob die Motivation des Unternehmens zur Einrichtung nun egoistisch oder sozial ist, steht dahin. Sicher aber fördern diese Angebote die Attraktivität des Unternehmens für qualifizierte Mitarbeiter. Deren Wohlbefinden steigert sich in einem Betrieb, der es sich leisten kann, wie beschriebenen sozial zu wirken. Die Unternehmensleitung sollte nur nicht mit anhaltender Motivationskraft oder gebündelter Dankbarkeit der Nutznießer dieser freiwilligen Sozialeinrichtungen rechnen. Der angestrebte Leistungsanreiz nutzt sich ab und bedarf ständiger Erneuerung.

Wer kennt nicht die bittere Klagen über die zu stark gewürzte Suppe und den schmuddeligen Kantinenwirt, über das viel zu geringe Angebot an Fruchtjoghurt und die falschen Bilder an der Wand? Wer meckert nicht über die engstirnige Fahrzeugordnung bei Firmenfahrzeugen oder darüber, dass die Kindergärtnerin keine voll akademische Ausbildung besitzt und das eigene Kind immer benachteiligt? Hierhin gehört auch die nach dem dritten Kurstag sinkende Teilnehmerzahl beim kostenlosen Englischkurs. Ebenso endet mancher Betriebsausflug mit anhaltenden eifersuchts- und trunkenheitsbedingten Feindschaften.

Manchmal war ich in Versuchung zu glauben, dass all die gut gemeinten Attraktionen aufs Schlimmste unsozial seien, weil sie oft demotivierenden Ärger auslösen. Natürlich kann ich nicht raten, alle freiwilligen sozialen Leistungen einzustellen, nur um Zwietracht zu vermeiden. Hilfreich aber ist, doch ab und zu über die Einstellung der guten Taten zu diskutieren. Es ist erstaunlich, wie sich die Freude wieder steigern lässt, wenn plötzlich der Verlust droht.

5. DIE UNTERNEHMENSFINANZIERUNG

5.1 BANKEN, FREMDMITTEL UND DER MITTELSTAND

Es wird täglich schwerer, eine durchschnittliche Bank davon zu überzeugen, dass Banken einmal Geldverleiher waren. In den guten Tagen gaben sie glaubwürdigen Kaufleuten die Chance, ihre Ziele durch Aufnahme von Darlehen schneller zu verwirklichen, als dies durch die Thesaurierung von augenblicklich erzeugbaren Gewinnen möglich war. Für diese Bereitschaft erhielten sie je nach Marktlage mehr oder weniger Zinsen. Heute ist nahezu keine Bank mehr an diesen Geschäften interessiert, allenfalls noch zu Konditionen, die dem Kreditnehmer mehr schaden als dienen. Die Veränderung erscheint aus Bankensicht betriebswirtschaftlich verständlich, weil die Institute sehr viel lukrativere und risikoärmere Geschäftszweige für sich entdeckt haben, als mitunter auch das unternehmerische Risiko des Kreditnehmers mitzutragen und dabei noch mit relativ geringen Nettorenditen auskommen zu sollen. Jedes der inzwischen üblichen Provisionsgeschäfte findet da sehr viel mehr Zuneigung.

Woran also muss sich der Mittelständler in Zukunft gewöhnen? An das kategorische »Nein« seiner Bank, wenn es um ungesicherte Kredite bzw. um die Ausweitung von Kreditrahmen auf gleicher Besicherungsbasis geht? Damit bleibt dem wachstumsorientierten und fähigen Mittelständler nur der Weg, andere Geldquellen als die bisher üblichen aufzutun. Und ich fürchte, dass dieser Weg nur über erheblich mehr fremdes oder eigenes Eigenkapital führt. Das heißt unter anderem, dass die auf das Eigenkapital bezogenen Haftungsbeschränkungen, wie sie juristischerweise in den Kapitalgesellschaften vorgesehen sind, an praktischer Bedeutung verlieren. Das heißt aber auch, dass die bewegliche kurzfristige Fremdmittelnutzung der Starrheit des Eigenkapitals geopfert wird und dass die Zinslast deshalb höher wird, weil sie ständig und nicht nur bei Bedarf anfällt.

Wenn sich nun in absehbarer Zeit auch noch »Basel II« in »voller Schönheit« auswirken wird und damit bei den Banken die Verwaltungskosten durch das aufwendige Rating steigen, wird sich deren Freude am Ausreichen von Darlehen weiter reduzieren, und die Chancen für den Mittelstand, ein Darlehen zur Expansion zu erhalten, ebenso.

Ich stelle mir in diesem Zusammenhang verstärkt die Frage, wer denn den allseits und zurecht so hoch gelobten Mittelstand eigentlich noch will. Sämtliche politischen Aktivitäten jedenfalls zielen auf seine allseits schmerzbereitende Destruktion.

5.2 »PRIVATE EQUITY« UND FAMILIENUNTERNEHMEN - ZWEI KULTUREN?

Zwischen den finanzierungsbedingten Eigenheiten und den strategischen Zielen der beiden vermeintlichen Kontrahenten scheinen auf den ersten Blick tatsächlich Welten zu liegen.

Der typische Familienunternehmer richtet seine Erfolgsabsichten langfristig aus. Er entnimmt dem Unternehmen Gewinne, wenn er dies zur Abdeckung persönlicher Bedürfnisse für nötig hält. Er zahlt Dividenden, um familiäre Mitgesellschafter ruhigzustellen, auch dann, wenn die Entnahmen die Kapitalstruktur und damit den Wert des Unternehmens negativ beeinflussen. Für ihn reicht es zumeist aus, wenn er und seine Familie aus den Erträgen des Unternehmens gut leben können – und wenn er seinen Betrieb möglichst lange in seinen erfahrenen Händen behält. Er ist stolz auf das Erreichte, sonnt sich in seinem gesellschaftlichen Ansehen und freut sich über seine alleinige Herrschaft über die unternehmerischen Vorgänge. Er wacht sorgsam darüber, dass niemand außer ihm Einblick in das innere Geschehen erhält, da preisgegebene Informationen Begehrlichkeiten bei Banken, Gewerkschaften, Wettbewerbern oder beim Finanzamt wecken könnten. Der typische »Private Equity«-Investor plant in eher mittelfristigen

Dimensionen und richtet seine Politik am für ihn günstigen Unterschied zwischen Einstiegs- und Ausstiegspreis aus. Schon um ein vernünftiges Angebot an den Verkäufer unterbreiten zu können, möchte er tiefe Einsicht in alle wertrelevanten Details des Unternehmens erhalten. Natürlich braucht er die volle Transparenz im Zahlenwerk, die Marktgeschehnisse auf der Absatz- und auf der Wettbewerbseite sind ihm zu offenbaren, die Qualität des Managements wird ebenfalls bewertet. Im übrigen müssen die voraussichtlichen Reaktionen der wichtigsten Kundengruppen erkennbar sein.

Der typische PE-Investor will natürlich auch bei strategischen Entscheidungen ein qualifiziertes Mitsprache- und Mitentscheidungsrecht vertraglich verankert sehen und es in der Folge auch praktizieren. Er will sicher sein, dass die Mitgesellschafter zum Ende der Beteiligungszeit keine unüberwindbaren Barrieren errichten können, die ihm sein eigentliches Beteiligungsziel verbauen. Stellt man diese so typischen Anliegen der Familienunternehmer und der PE-Investoren einander gegenüber, so scheint es ziemlich unmöglich zu sein, dass die beiden zu einer beiderseits ergebnisstarken, glücklichen Paarung zusammenfinden könnten.

Und doch gibt es Voraussetzungen und Umstände zuhauf, die schlicht und einfach nach einem gemeinsamen Weg verlangen. Es gibt sehr vernünftige Unternehmer, die es für angemessen halten, nach jahrelangem aufopferungsvollen Aufbau ihres Unternehmens nun einen Teil veräußern zu wollen, einfach, um den privaten Bereich abzusichern, und auch, um einen Teil der Verantwortung abzugeben, ohne ganz auf die gewohnten Aufgaben und Würden verzichten zu müssen. Es kann als Idealform einer geplanten Unternehmensweitergabe angesehen werden, wenn der Unternehmer zur Realisierung eines letzten großen Entwicklungsschubs unter seiner Regie einen Finanzpartner hereinnimmt, um zu einem vereinbarten Zeitpunkt gemeinsam bei gemeinsam gesteigerten Unternehmenswerten an einen Dritten zu verkaufen.

Als weiterer hervorragender Ansatz zur partnerschaftlichen Weiterentwicklung eines Familienunternehmens bieten sich Wachstumsfinanzierungen an. Gerade angesichts der aktuellen Knappheit an bezahlbaren Fremdmitteln erweisen sich »Private Equity«-Häuser oftmals als mitdenkende und interessierte Geldgeber.

Es liegt nun wie bei allen potentiellen Paarungen an den handelnden Personen, ob über die oberflächlich gesehene Kulturkluft eine beiderseits dienliche Brücke gebaut werden kann. Der Familienunternehmer muss entscheiden, ob er künftig nur noch im Rahmen seines eigenen »Free-Cash-Flows« wachsen will, da ihm die Bank erforderliche Fremdmittel nicht mehr in gewohnter Weise zur Verfügung stellt, oder ob er weiterhin die Chancen seines Marktes in vollem und sinnvollem Umfang nutzen möchte. Dann sollte er sich dem Gedanken öffnen, sein Geschäft zusammen mit einem kompetenten Finanzpartner zu entwickeln. Kompetenz meint in diesem Zusammenhang nicht nur das pure Einbringen von Geld, sondern ebenso das Mittragen von Verantwortung und das professionelle Mitgestalten der Entscheidungen.

Qualifizierte PE-Partner erlauben es Unternehmen, sich aus ihrer mittelbedingten Beschränktheit heraus an Wettbewerbern vorbei zu entwickeln und beispielsweise aus der Durchschnittlichkeit in die Branchenführerschaft zu wachsen.

Wenn es dem Familienunternehmer also gelingt, sich aus dem Bedürfnis nach willkürlicher Alleinherrschaft zu lösen und sich den neuen Erfordernissen zu stellen, schließt sich die Kluft zwischen den Kulturen schnell. Unglaublich beschleunigen können die »Private Equity«-Manager den wünschenswerten Brückenbau auch dadurch, dass sie dem Unternehmer mit ausgeprägtem

Einfühlungsvermögen und mit Respekt begegnen, weil er bei würdiger Behandlung die teils schmerzhafte, aber notwendige Überwindung und Wandlung sehr viel leichter erträgt und auch seinerseits den Wunsch nach fairer und ergebnisorientierter Partnerschaft entwickeln wird.

5.3 »VENTURE CAPITAL« - DAS ZAUBERGELD DER GRÜNDERJAHRE

Der Eigenkapitalbedarf gerade im mittelständischen Unternehmertum steigert sich proportional mit der rasant abnehmenden Lust der Banken, Darlehen zu erträglichen, unternehmensdienlichen Konditionen zur Verfügung zu stellen. Vor diesem Hintergrund wäre die in Deutschland bis vor wenigen Jahren noch vollkommen unbekannte »Private Equity«-Szene und das sich daraus entwickelnde Angebot an »Venture Capital«-Finanzierungen nahezu zum Erfolg verurteilt.

Für junge, ehrgeizige, kompetente Unternehmer erweist es sich als wahrer Segen, dass es offensichtlich Geldtöpfe gibt, deren Inhaber willens sind, in unternehmerisches Wagnis zu investieren. Die meisten bekannten Banken haben aber spätestens seit Mitte 2000 damit aufgehört, Antragsteller ohne starken eigenen finanziellen Background und ohne langjährige erfolgreiche unternehmerische Erfahrung überhaupt noch zu Gesprächen einzuladen.

Der boomartigen Entwicklung des VC-Business kurz vor der Jahrtausendwende ist die schockierende Ernüchterungswelle der Jahre 2000 und 2001 gefolgt. Auch die VC-Geber haben inzwischen leider damit begonnen, sich das äußerst konservative Abwägeverhalten der Banken zum Vorbild zu nehmen. Die Folge lässt sich nur noch mit viel Humor ertragen. Die so gepriesenen unternehmerfreundlichen Wagnisfinanzierer finanzieren mittlerweile nur noch solche Wagnisse, die – offen gesagt – keine wirklichen Risiken beinhalten.

Die Anforderungen an die Qualitäten des zu beglückenden Unternehmens sind unglaublich und bis nahe an die Unerfüllbarkeit gestiegen. Die Rankingverfahren der »Venture Capitalisten« unterscheiden sich kaum noch von denen der Banken. Die notwendigen administrativen Vorleistungen können nur noch von bereits etablierten Unternehmern erbracht werden. Für den klassischen Gründer sind die Vorgaben ohnehin kaum noch zu schaffen.

Es ist leicht zu verstehen, dass sich Geld wie das scheue Reh verhält, das dort am liebsten äst, wo es sich ungefährdet fühlt, wo es sich nähren kann, ohne gleich erschossen zu werden. So kann ich auch das veränderte Verhalten der »Venture Capitalisten« nachempfinden. Schön freilich wäre es, weil weniger Erwartungen weckend und irreführend, wenn sie nicht nur ihr Verhalten, sondern auch ihre Namen dahingehend ändern würden, dass sie das Wort »Venture« nicht mehr für sich in Anspruch nähmen.

Dem jungen Unternehmer bleibt wohl bald nur noch die Hoffnung, dass die vermögende Großmutter ihren Beitrag zur Stärkung seines Eigenkapitals durch kürzere irdische Verweildauer leistet.

5.4 EINFLUSS DER IMAGEWERTE AUF DEN UNTERNEHMENSWERT

Jedes zu bewertende Unternehmen hat eine Vergangenheit, die fein säuberlich in Zahlen ausgedrückt in der Entwicklung von Gewinn- und Verlustrechnung und Bilanz zu studieren ist. Diese Kolonnen von Daten und Fakten bilden die Basis für Wirtschaftsprüfer und Banker, um einen Betrieb als gut oder schlecht zu beschreiben. Der Wert eines Unternehmens liegt aber noch mehr in den Chancen, die es künftig in seinem Markt hat und im Glauben daran, dass es in der Lage ist, diese Chancen auch zu nutzen.

Deshalb spielt der Gesamteindruck eines Unternehmens, den es bei seinen wichtigen Partnern hinterlässt, bei der Bewertung eine mindestens so bedeutende Rolle wie die errechneten quantitativen Erfolge. Ob sich das Unternehmen künftig im Wettbewerb durchsetzen sowie Marktchancen wittern und umsetzen wird, kann sehr deutlich an der Zufriedenheit der bisher bedienten Kunden gemessen werden. Darum ist es gut, wenn es dem Unternehmen und vor allem seinen Mitarbeitern gelingt, im Kreis der Kunden und anderer Geschäftsfreunde ein umfassend positives Leistungsbild zu erzeugen.

Kunden sind dann unglaublich wertvolle Bewertungshilfen, wenn Umfragen ergeben, dass die Produkte als qualitativ gut eingestuft, die Beratung durch den Verkauf als kompetent empfunden und die Verkäufer als freundlich und hilfreich angesehen werden. Äußern Kunden sich bewundernd über die Kreativität, über die Flexibilität und die Zuverlässigkeit, steigt der Firmenwert weiter. Des weiteren ist natürlich auch die Solidität des Unternehmens und die damit gegebene Partnersicherheit sehr wichtig.

In »Due Diligence«-Prozessen, also den Vorgängen, in denen potentielle Kaufinteressenten in die Tiefe des Unternehmens bohren, um alle Leichen im Keller vor der Abgabe eines verbindlichen Angebots entdeckt zu haben, spielen Image-Umfragen eine herausragende Rolle. Ein positives Gesamtimage dient möglichen Erwerbern mehr als augenblicklich schöne Zahlen. Es dauert Jahre, weil es hier um Vertrauensbildung geht, bis ein positives Image erreicht ist, aber nur Sekunden, bis es zerstört ist. Es wird also für Erwerber ein möglicherweise sehr teures Erlebnis, wenn sie auf schöne Zahlen hereinfallen, um dann viel Geduld und Geld in den Aufbau eines neuen Vertrauensverhältnisses zu stecken.

Es ist nicht nur wegen einer abzuhandelnden Bewertung, sondern auch wegen des leichteren, profitableren Tagesgeschäfts von zentraler Bedeutung, dass die Mitarbeiter als Botschafter ihres Unternehmens in ihren Gesprächen ständig die positiven

Seiten des Unternehmens ungezwungen und überzeugend erwähnen. Sie helfen damit einer bewertungsfördernden Imagebildung sehr. Zu einem positiven Gesamtimage gehört übrigens in ganz besonderem Maße das Stimmungsbild in der Mitarbeiterschaft, vor allem hinsichtlich ihrer Loyalität und Qualifikationen.

5.5 TIPPS UND TRICKS FÜR DAS GESPRÄCH MIT DER BANK

Die seit geraumer Zeit beachtliche Insolvenzwelle rollt mitunter auch deshalb mit zerstörerischer Kraft durch Deutschland, weil viele Unternehmer mit teilweise unverzeihlicher Naivität an eine vermeintlich nie versiegende Geldquelle namens Bank glaubten. Die geschickte Werbung der Kreditinstitute in guten Tagen und die dahinter vermutete Seriosität führten zu einer vollkommen falschen Erwartungshaltung der Kreditnehmer. Deshalb stelle ich zu allererst klar, dass Banken ganz normale Wirtschaftsunternehmen sind, die an ihren werten Kunden bei geringstmöglichem Risiko möglichst viel Geld verdienen wollen.

Das bedeutet in der Praxis: Sobald sich das Risiko erhöht, verringert sich die Wertschätzung des Kunden in gleichem Maße. Eine unternehmerische Bedrohung stellt sich demnach schnell ein, wenn ein Unternehmen den Banken überraschend den Eindruck vermittelt, seine Verpflichtungen nicht mehr in vereinbarter Weise erfüllen zu können. Ich halte es aus meiner vielfältigen Erfahrung für unabdingbar, vor allem die Bank vor Überraschungen zu bewahren. Vorhergesehene, begründete Liquiditätsengpässe, die Banken in offener Weise früh präsentiert werden, beeinflussen die dann fälligen Entscheidungen in der Regel günstig. Banken sind dabei weniger an der blumigen Beschreibung der Vergangenheit als an einer glaubwürdigen, aussichtsreichen Zukunftsgestaltung interessiert. Begeistert zeigen sich Banker förmlich, wenn ihnen für sie verständliche Konzepte vorgelegt und erläutert werden, aus denen Potentiale und Stärken des Unternehmens und die

Strategie erkennbar sind, mit denen sich das Unternehmen aus dem vorübergehenden Engpass zu befreien gedenkt.

Um mit Banken ein krisensicheres Verhältnis aufzubauen, bedarf es der Überwindung der mittelstandseigenen Geheimnistuerei. Es bedarf einer sehr offenen und regelmäßigen Kommunikation mit den Entscheidern, bei der die Gründe für Planabweichungen ebenso ehrlich besprochen werden wie die Planungen selbst. Einigermaßen glaubwürdige Mehrjahresvoraussichten wirken ausgesprochen öffnend und beziehungsstärkend.

Eindringlich warnen muss ich vor nicht einhaltbaren Versprechungen und vor falschen, schönfärbenden Angaben. Es ist nur zu leicht nachvollziehbar, dass die Banken ihr Geld nicht gern an Bluffer und Träumer verleihen. Wenn sich die Institute einmal verladen fühlen, sollte sich keiner dieser Blender wundern, wenn er ganz schnell und zum ungünstigsten Zeitpunkt aufgefordert wird, den ihm genehmigten Kredit zurückzuführen.

Ein erfreulicher und vor allem konstruktiver Umgang mit den Banken ergibt sich ganz schnell, wenn wir Mittelständler akzeptieren, dass Banker auch Menschen sind, die ihre Pflicht zu erfüllen und manchmal auch grausame Rollen zu spielen haben. Wenn es uns gelingt, geistig in die Welt des Bankmenschen einzutauchen, verstehen wir jede seiner Entscheidungen schon im voraus, können uns früh darauf einstellen und sparen uns schlimme Erfahrungen.

5.6 SCHRECKGESPENST RATING

So schlimm und so fürchterlich neu, wie viele Mittelständler nach furchterregender Presseberichterstattung nun meinen, ist das »Rating« nun auch wieder nicht. Es gab schon bisher kaum nennenswerte Darlehensausreichungen von Banken an Unternehmen, bei denen nicht vor dem »Ja« der Gremien in der einen oder anderen Form eine Unternehmensbewertung stattgefunden hätte. Und es war auch schon immer so, dass Unternehmen, deren Beurteilung nicht ganz so toll ausgefallen war, eine Art Gefahrenzulage im Zins zu berappen hatten. Firmenbewertung nannte man die »altmodische« Methode, die eher geheim als öffentlich gehandhabt wurde. So mancher Unternehmer war über die der Einschätzung von Bonität und Zukunft dienenden firmenspezifischen Zahlenkolonnen überrascht, die der Banker in seiner Tasche mit sich trug. Dessen Fakten und Daten waren nicht selten umfangreicher und schlüssiger als die eigenen. So manches daraus erwachsene kritische Gespräch hatte sogar zur Verbesserung der Geschäftssituation geführt.

Der nun so verwirrende Unterschied von »Firmenbewertung« und »Rating« liegt im wesentlichen in der Wahl der »Weltsprache Englisch« und darin, dass die Banken nun angehalten sind, die Bewertung nach selbst mitbestimmten genormten Maßstäben vorzunehmen und nicht mehr nur nach den Regeln des Hauses. Jetzt, nach der Basler Übereinkunft der Bankenaufsichtsbehörden, führen die Rating-Ergebnisse zu internationaler Vergleichbarkeit der Bewerteten und der Bewerter. Dadurch droht nun überhaupt keine neue Gefahr für die Mittelständler, ganz im Gegenteil: Bei so mancher Bankadresse dürften nun Willkür und Leichtsinn durch Erkenntnis ersetzt werden.

Die routinierte Bewertung von Unternehmen durch »Finanzmenschen«, die tagesgeschäftlich mit dem Unternehmen nichts zu tun haben, ist sicher nicht falsch, solange die Institute, ob es nun die Banken sind oder freie Rating-Agenturen, Menschen mit der delikaten Aufgabe betrauen, die mehr können als Zahlen zu addieren und zu strukturieren. Es werden also Mitarbeiter gebraucht, die möglichst schon einmal ein dynamisches, zukunftsorientiertes Unternehmen von innen gesehen haben und vielleicht sogar schon einmal die Chance hatten, eine unternehmerische

Entscheidung zu treffen. Sonst werden eben nur noch reiche, satte und dadurch lahme Unternehmen zu erträglichen Konditionen finanziert.

Um Chancen und Risiken lebendiger Unternehmen einigermaßen abschätzen zu können, bedarf es neben der kritischen Betrachtung der Vergangenheit und des technischen Verstehens eines hoffnungsvollen Dreijahres-Businessplans auch des Feingefühls für die Marktentwicklung, für die nachhaltige Innovationskraft und das Engagement der Unternehmer, also für eher weiche Fakten.

So verbleibt trotz des Schreckgespenstes des Basler Ratings noch eine Menge an Möglichkeiten, sich für erträgliche Konditionen zu qualifizieren, wenn die Bank dies will. Was den Banken an den Basler Beschlüssen allerdings gut gefällt, ist das mitgelieferte Ausredenpaket für nun fällige Gebührenerhöhungen.

Der Ärger über falsche, gar ungerechte Unternehmensbewertungen wird durch »Basel II« nicht größer, sondern eher kleiner. Ob die Kredite, speziell für Mittelständler dadurch unbedingt teurer werden müssen, hängt mehr vom Charakter und dem jeweils speziellen Interesse der Bank ab. Ob es wohl ein Zufall ist, dass das englische Wort »Rating« so nah am deutschen »Raten« liegt?

5.7 UNTERSCHIEDLICHE WERTE DES EIGENKAPITALS

Nach Eigenkapital, wo immer es auch aufzutreiben ist, lechzt der Unternehmer, nachdem die Beschaffung von Fremdkapital für mittelständische Bedarfsträger so verdammt schwer geworden ist. Mit riskant hingegebenem Geld verbinden sich, je nach Art und Position des Gebers und auch je nach subjektiver Menge, sehr unterschiedliche Erwartungen und Konsequenzen. Ziemlich klar formulieren sich die Ansprüche der professionellen Anbieter. Sogenanntes »Venture Capital« wird ausgereicht, um es nach einer gewissen Zeit wieder zurückzubekommen – und dies mit einer Verzinsungserwartung von 20 bis 30 % p.a. Mitspracherechte in allen wesentlichen unternehmerischen Entscheidungen behalten sich die VCs darüber hinaus vor. Für viele, vor allem für Gründungsunternehmer und solche die rasche Markteroberungen vorhaben, erscheint VC als ideales, da zeitlich begrenztes und eben wegen seiner Professionalität geeignetes Instrument, um eigene unternehmerische Ideen rasch in Produkte umzusetzen. Viele verschließen aber die Augen vor der Zeit nach dem Exit des VC-Gebers. Natürlich wurde vereinbart, dass der Gründer und die VC-Geber im Erfolgsfall gemeinsam einen sehr erfolgreichen Börsengang hinzaubern und anschließend jeder – in grenzenlosem Glück – seines Weges geht. Doch selbst wenn das IPO materiell funktioniert, verändern sich die Regeln des Managements für das Unternehmen vehement. Plötzlich kennt man nämlich seine Anteilseigner nicht mehr beim Namen und man ist publizitätspflichtig. Der administrative Aufwand steigt merklich an.

Manch ein Jungunternehmer erzählt in seinem Bekannten- und Freundeskreis so überzeugend von seiner unternehmerischen Absicht, dass einer ihm Geld, auch in haftender Form anvertraut. Unter Freunden wird meist jedoch weniger exakt über Erwartungen, sondern vielmehr über Hoffnungen gesprochen. Zudem werden unangenehme Themen gern aus den Vereinbarungen herausgelassen, um die Freundschaft nicht unnötig zu belasten. Solche Vertrauensbeweise gehen in der Aufbauphase oft noch gut. Immerhin wurde angenommen, dass der Anfang schwer werde. Die Freundschaft geht aber schnell zu Ende, wenn die ungenau formulierten Erwartungen nicht erfüllt werden oder wenn es nach unternehmerischem Erfolg tatsächlich Gewinne zu verteilen gibt. Gewinnverteilungspläne werden unter Freunden in aller Regel nicht vorvereinbart, so dass Interessenkonflikte zwischen dem weiterhin expansiv denkenden Unternehmer und den an der Gewinnrealisierung interessierten Freunden vorprogrammiert sind.

Ganz besonderen Charme hat Eigenkapital, das von der gerade angeheirateten Gattin aus gutem Hause stammt oder direkt vom reichen Schwiegervater eingebracht wird. Der Herr Gemahl hat nun täglich zu beweisen, dass er der würdige und vor allem geschäftstüchtige Geldmehrer ist. Als Geschäftsführer eines derart eigenfinanzierten Unternehmens wird man sich unfreiwillig einer täglichen Hauptversammlung im eigenen Wohnzimmer erfreuen.

Doch unabhängig davon, wer nun der erwählte Eigenmittelgeber ist: Es sollten Vereinbarungen getroffen werden, die zumindest im Ansatz Unternehmensziele, Zeitschiene, Exitkonditionen, Gewinnverwendungspolitik und die Nachfolgefinanzierung regeln. Das wertvollste, da am unbeschwertesten handhabbare Eigenkapital ist das unwiderruflich ererbte oder noch besser das selbst erarbeitete. Geld, dessen Verwendung nicht durch Fremdinteressen mitbestimmt wird, garantiert die größte unternehmerische Freiheit.

Nicht jeder Unternehmer hat Alternativen zur Auswahl der Form seines Eigenkapitals. Aber jeder sollte sich über die Konsequenzen seiner Lösung im klaren sein. Die falsche Partnerwahl kann die Freude am Unternehmertum jedenfalls ganz schön vermiesen.

5.8 FUG UND UNFUG VON BUSINESSPLÄNEN

Wer keinen Businessplan hat, kann eigentlich gar kein Unternehmer sein. Um als besonders guter Unternehmer zu erscheinen, sollte man am besten gleich drei Businesspläne erstellen, einen »optimistischen«, einen »pessimistischen« und einen »realistischen«. Der realistische ist der Beste, da er in der Regel genau in der Mitte liegt. Aber nur wer drei Pläne vorweisen kann, bekommt den Respekt und das Gehör von Banken und anderen Geldgebern. Natürlich sollte jeder Unternehmer eine klare Vorstellung von seiner Zukunft haben, und es ist auch richtig, dass er versucht, diese Zukunft möglichst nachvollziehbar zu quantifizieren.

Aber es drückt mir so manches Mal nur noch ein bedauerndes Lächeln ab, mit welcher Intensität sich die Kapitalbevollmächtigten in die Analyse der niedergeschriebenen Zahlenzukunft eines jungen Unternehmens stürzen. Sie führen sich auf, als gäbe es für die Zukunft zuverlässige Daten und Fakten. Die Zukunft eines Unternehmens besteht jedoch sehr viel mehr aus Ahnungen, Hoffnungen und Erwartungen. Das heißt, dass nicht eine einzige Zahl eines Businessplans realen Anspruch auf Haltbarkeit hat. Zu viele Unwägbarkeiten beeinflussen das Geschehen um einen im Sinne des Wortes wirklich »realistischen Plan« zu erstellen.

Ich verstehe sehr wohl, dass kein Geldgeber willens ist, einem Unternehmer Geld in die Hand zu drücken, wenn dieser keinerlei überzeugende Vorstellungen über seine künftige Entwicklung darlegen kann, aber man kann alles auch sinnlos übertreiben.

Ich bedaure manchen jungen Unternehmer, der Tage und Wochen damit verbringt, seine Pläne zu erstellen und zu optimieren, obwohl er seine Zeit viel unternehmensdienlicher bei seinen Kunden verbrächte. Wenn er dann endlich herausgefunden hat, was die Analysten seiner Pläne lesen wollen, schreibt er eben genau das hinein. Plötzlich ist der Wunsch des geneigten Lesers zur Basis für seinen Planungsrealismus geworden, und das funktioniert auch noch. Es wäre aus meiner Sicht sehr viel klüger, wenn junge Unternehmer von ihren Geldgebern nicht zu frommen Buchhaltern erzogen würden, sondern zu Menschen, deren erstes Anliegen es ist, Kundenwünsche wirtschaftlich zu erfüllen und nicht, in gut altsozialistischer Manier, Planzahlen hinterher zu hecheln.

Zu prüfen wären vielmehr Fachkompetenz, Kreativität, Risikofreude, Risikobewusstsein, Engagement, Auftreten und Verantwortungsbewusstsein des Antragstellers und sehr viel weniger seine Fähigkeit, so gut mit Excel umgehen zu können, dass dabei irgendwann eine »gefällig realistische« Planung herauskommt.

6. DAS TAGESGESCHÄFT

6.1 GEFÜHL UND GESCHÄFT - SYMPATHIETRÄGER IM VERKAUF

Als ich vor etwa 25 Jahren zum ersten Mal von der Feststellung eines hoch angesehenen Betriebspsychologen hörte, dass selbst im technischen Geschäft 80 % im emotionalen Bereich entschieden werden, hielt ich diese Aussage für ziemlich abenteuerlich. Doch immerhin hat mich diese mir damals wacklig erscheinende These so beeindruckt, dass sie mich nicht mehr verlassen wollte. Ich konnte kaum noch verhindern, dass ich vor allem bei Verkaufsgesprächen immer wieder abgewogen habe, wie, wann und warum wohl für oder gegen wen Entscheidungen fallen.

Emotionale Vorgänge sind nach meiner praktischen Sichtungsarbeit einfach nicht mehr zu ignorieren. Man kann natürlich unter einigermaßen normalen Umständen nicht davon ausgehen, dass es dem sympathischen Verkäufer gelingt, den schlimmsten Mist zu einem hohen Preis loszuschlagen, nur weil er so freundlich, so gewinnend und so sympathisch ist. Aber man darf fest damit rechnen, dass bei einigermaßen gegebener Produkt- und Konditionengleichheit der sympathischere Verkäufer den Auftrag mitnimmt, eventuell auch gegen das eine oder andere harte und rationale Argument des Wettbewerbs.

Dies ist aus wirtschaftlicher Sicht nicht wirklich gut, aus menschlicher Sicht hingegen gar nicht so schwer verständlich. Denn mit sympathischen Menschen wollen Menschen gern zu tun haben. Der entscheidende Entwicklungsleiter, der Einkäufer und auch der Unternehmenslenker sieht bestimmte Besucher ohne tiefere Absicht lieber durch seine Tür hereinkommen als andere. Es redet sich einfach leichter mit Leuten, denen man aufgrund ihres Einfühlungsvermögens, ihres Humors, ihrer Einsatzbereitschaft, ihrer Umgangsformen oder auch aufgrund ihres gepflegten Äußeren persönliches Vertrauen entgegenbringt. Bei allem Bemühen um

Objektivität findet der Entscheider hier von sich aus Gründe, Argumente und Vorteile für den sympathischeren Geschäftspartner. Dagegen werden sich alle Gründe gegen ein Angebot des unsympathischeren Zeitgenossen in seinem sonst so neutralen Beurteilungssinn sammeln.

Es ist gut zu wissen, dass man ein Geschäft noch lange nicht abgeschlossen hat, wenn man ein unschlagbar erscheinendes Produkt zu einem guten Preis auf den Tisch des potentiellen Kunden legt und dazu vielleicht auch noch einen Einkäufer besticht. Wenn man es nicht schafft, den wirklich wichtigen Menschen im Unternehmen des Kunden sozial kompetente Partner zur Verfügung zu stellen, entstehen real spürbare und unberechenbare Nachteile.

Jedenfalls holt der sympathische Könner die wirtschaftlicheren Aufträge einfach auch deshalb, weil man ihn mag. Der angesehene Psychologie-Professor hatte mit der mir seiner Zeit sehr waghalsig erscheinenden Feststellung wohl doch sehr recht.

6.2 VON IDEEN, SPINNERN UND HALBHERZIGKEITEN

Eine großartige Idee wird geboren. Der kreative Kopf badet zu Recht in der Begeisterung über seine Kreativität, und er malt sich freudig all die positiven Veränderungen aus, die durch seine Neuerung eintreten werden. Doch er kann in einer Organisation die Idee nicht allein in eine profitable Leistung oder in ein Produkt verwandeln. Er braucht Komplizen in der Hierarchie. Daher stellt er jedem, den er zu brauchen glaubt, seine gute Idee vor.

Spätestens hier beginnt nun das Unglück fast aller echten Neuerungen. Die Empfänger kommentieren die eigentlich frohe Botschaft mit Sprüchen, die heftig von Eigeninteressen durchwachsen und mit Bedenken angereichert sind. Jeder einzelne der Kommentare ist nicht grundsätzlich falsch, reduziert jedoch den Glauben des Erfinders an sein Produkt beträchtlich, so dass im

Laufe der Diskussionen ein Spitzenerzeugnis nicht mehr erkennbar ist, sondern nur noch kompromissbeladene Durchschnittlichkeit. Die per Meinungsvielfalt kastrierte Einmaligkeit ist jetzt so geschwächt, dass der Finanzchef natürlich auch keine Notwendigkeit für ein außerordentliches Budget für die Umsetzung sieht. Dadurch hat der brauchbare Rest der ursprünglich großen Leistung kaum noch eine Chance, irgendeine Marktbedeutung zu erlangen und später einmal großes Geld ins Haus zu bringen.

Zu oft sehe ich solche wertmindernden, demokratischen Beschneidungen eigenverantwortlichen, unternehmerischen Handelns. Spitzenleistungen werden systematisch durch den mangelnden Mut der einen und den alles bremsenden Neid der anderen zerredet. Klarerweise kann nicht jede vorgetragene Idee mit einem Riesenetat ausgestattet und gegen jede Erfahrung realisiert werden. Aber Manager und vor allem Unternehmensleiter sollten sich gerade während wirtschaftlicher Flauten daran erinnern, dass man nur dann ordentlich Geld verdienen kann, wenn man sich von den Wettbewerbern durch Einmaligkeiten in seinem Leistungsspektrum positiv unterscheidet.

Es täte dem deutschen Unternehmertum gut, auch solchen Ideen eine Chance zu geben, die nicht sofort von allen verstanden werden, also auch sogenannte Spinner zu Wort kommen zu lassen, um alles zu unternehmen, um der Kreativität im Unternehmen Vorschub zu leisten und die überall wichtigtuerisch dazwischenschwatzenden Bedenkenträger zu eliminieren.

Als größtes Übel der Kompromissbelastung von Prozessen bezeichne ich allerdings die immer wieder angetroffene Halbherzigkeit. Eine Idee wird als förderungswürdig erkannt, ein Budget wird genehmigt und ein Realisierungsteam beauftragt. Das Budget reicht aber bei weitem nicht aus, um die notwendigen Versuche zu fahren, die Muster zu bauen oder die erforderlichen Vorbereitungen zur Markteinführung zu treffen, so dass bei weitem nicht das Produkt entstehen kann, das man als würdig qualifiziert hat.

Für das Team werden keine Spitzenleute ausgewählt, sondern Mitarbeiter, denen es an Fach- und Organisationskenntnis fehlt. Folglich sieht man dann die erwarteten Fortschritte nicht und bricht das Projekt ab. Die Entstehung des bis dahin gewaltig gewachsenen Kostenberges lastet man dem Team an und selten nur dem oberen Management. Mein Fazit: Zu erfolgreichem Unternehmertum gehört mitunter auch der Mut, etwas noch nicht da Gewesenes mit voller Überzeugung, mit allen verfügbaren Mitteln und eben auch aus ganzem Herzen vorwärts zu treiben.

6.3 DIE SCHRIFTFORM - FORMALISMUS ODER ERLEICHTERUNG?

Wenn sich Führungskräfte Zeit zu einem Gespräch nehmen, untereinander oder auch mit Mitarbeitern, Kunden, Lieferanten, Beratern und Banken, dann werden in der Regel erinnernswerte, zustandsverändernde oder bestätigende Dinge behandelt. Wer sich danach auf sein hervorragendes Gedächtnis und das seiner Gesprächspartner verlässt, erspart sich den Aufwand der Erstellung eines Protokolls und kommt sich damit äußerst rationell und unbürokratisch vor. Vor allem, wenn die Gesprächsatmosphäre entspannt und fast freundschaftlich war, gehen wir fälschlicherweise immer wieder davon aus, dass ein daraufhin verfasstes Schriftstück die glänzende Beziehung nur stören würde.

Wir vergessen dabei regelmäßig die wunderschöne menschliche Gabe, unsere Erlebnisse und Gespräche so in Erinnerung zu behalten, wie wir sie gerne gehabt hätten. So dass sich zwangsweise aus der Subjektivität heraus markante Abweichungen der Erinnerungen von Gesprächsteilnehmern ergeben. Die ursprüngliche Einsparung stellt sich somit oft schnell als gefährliche Belastung für die Weiterentwicklung der Zusammenarbeit heraus.

Ein höfliches, sachliches Bestätigungsschreiben, in dem die wesentlichen Inhalte der Unterredung strukturiert und zeitnah wiedergegeben werden, erweist sich in nahezu allen Fällen als erhebliche Erleichterung für den Ausbau einer dauerhaften konstruktiven Beziehung. Leider scheuen viele Menschen die Schriftform, weil sie eben verbindlicher wirkt als vor sich hin Geplaudertes. Nachlesbares kann schließlich als Beweis dienen und möglicherweise schaden. Wer aber keine krummen Absichten hegt, hat von der schriftlich fixierten Unterhaltung nur Vorteile zu erwarten.

Ich selbst unterziehe mich gern der kurzen Mühe, Gespräche direkt nach deren Beendigung in einigen Zeilen niederzulegen und Kopien an meine Gesprächspartner zu verteilen. Diese Übung zwingt mich selbst, mir der wesentlichen Anteile der Unterhaltung nochmals bewusst zu werden und sie so zu formulieren, dass sie in konzentrierter Form leicht verständlich und korrekt nachvollziehbar sind.

Ich beuge damit auch späteren, strittigen Interpretationsabweichungen vor, und auch der Partner weiß, dass bzw. wie ich unser Gespräch aufgefasst habe. Hinzu kommt, dass der Partner und ich bei der Fortsetzung der Verhandlungen zu einem beliebigen späteren Zeitpunkt auf die notierten Vorverhandlungen zurückgreifen können.

Ich hasse Papier und übertriebene Organisation wie die Pest, doch ich liebe die Dokumentation von Gesprächen, weil ich sicher weiß, dass Unterredungen, die es nicht wert sind, schriftlich festgehalten zu werden, auch nicht wert waren, sie zu führen. Bislang habe ich es nur bereut, wenn ich aus temporärer Faulheit oder im Zuge einer raffinierten Ausrede meiner eigenen Erkenntnis einmal nicht gefolgt bin. Die vermeintlich zeitsparende Unverbindlichkeit hat sich immer wieder als unrationell und als eher stimmungstötend erwiesen.

6.4 VOM UMGANG MIT DER PRESSE

Es gibt kaum eine effektivere Werbung als positive, möglichst bebilderte redaktionelle Berichte in Medien, die den angestrebten Zielgruppen zugänglich sind. Eine so nützliche und nahezu kostenlose Darbietung der eigenen Produkte und Leistungen gibt es jedoch selten ohne eigenes Zutun. Mittelständische Unternehmen bzw. deren Chefs scheuen häufig, soweit sie nicht der Publizitätspflicht unterliegen, aus teilweise gut verständlichen Gründen jeden Umgang mit Pressevertretern, in der Hoffnung, ihre Geschäfte in aller Stille, unbeachtet vom Fiskus und der Gesellschaft betreiben zu können. Im eher handwerklich geprägten Familienunternehmen und in der Dorfmetzgerei läßt es sich in solcher Heimlichkeit bequem leben.

Wenn aber Wachstum, breite Vermarktung von Eigenprodukten, Imageaufbau und Imagepflege zur Unternehmenspolitik gehören, bietet es sich natürlich an, sich um unternehmensdienliche, häufige und korrekte Berichterstattung zu bemühen. Hinzu kommt, dass nahezu jedes wachsende Unternehmen irgendwann auffällt und demzufolge das öffentliche Interesse weckt. Wer darauf nicht vorbereitet ist und ungeschickt reagiert, versäumt die Riesenchance einer kostengünstigen Vermarktungshilfe. Der auch in dieser Hinsicht unternehmungslustige Unternehmer verschafft sich gegenüber »pressepassiven« Wettbewerbern wichtige Vorteile.

Eine aktuelle, gepflegte Pressedatei, gut organisierte und aufbereitete Presseinformationen, attraktive Presseveranstaltungen und die Bereitschaft zu angefragten Interviews sind nur die Basis auf dem Weg zu einer fruchtbaren Beziehung. Wirklich erfolgreiche Partnerschaften mit den guten Journalisten der Szene erreicht man jedoch, wie in allen geschäftlichen Angelegenheiten, nur durch persönliche Kontakte. »Pressemenschen« sind freilich nicht gleich. Wie in anderen Berufsgruppen auch finden sich 3 bis 5 % hervorragende sowie 30 % taugliche Vertreter. Der verbleibende Rest ist schwierig und verleidet den offenen Unternehmern die Zusammenarbeit. Unter diesen 65 % missbrauchen viele ihre zweifellose Macht oder leben ihre Komplexe aus. Diese Spezies ist gefährlich und daher mit besonderer Liebe zu behandeln.

Um eine sinnvolle Zusammenarbeit zu bewirken, hilft es sehr, sich in den journalistischen Alltag einzufühlen. Pressemenschen haben täglich Stöße von Pressemeldungen zu sichten, zu analysieren und zu bearbeiten. Zugleich sollten sie zudem noch auf drei Pressekonferenzen mit ihrer Anwesenheit glänzen. Der stets mit Arbeit überhäufte Journalist setzt seine Prioritäten nach der leichten Verwendbarkeit der angebotenen Unterlagen, nach der vermuteten Wichtigkeit des Ereignisses oder des Unternehmens, aber auch nach seiner Sympathie für die dort handelnden Personen.

Ein entspanntes Abendessen, eine ehrlich klingende Anerkennung für eine gelungene Veröffentlichung oder eine freundliche Zeile zum Geburtstag können Wunder wirken und den einen oder anderen erst arrogant wirkenden Schreiber oder Interviewer zum freundlichen Multiplikator wichtiger Botschaften wandeln. Der geringe Aufwand lohnt sich bald.

6.5 SITTEN UND UNSITTEN IM GESCHÄFTSALLTAG – ÜBERLANGE REDEN

Es gibt tatsächlich begnadete Rhetoriker, denen man gern über eine Stunde konzentriert zuhört, weil es ihnen mühelos gelingt, wichtigen Inhalt kurzweilig zu transportieren. Genauso gibt es leider sehr viel häufiger gnadenlose Schwätzer, Selbstbeweihräucherer und Dampfplauderer, die eine ohnehin schon zu lange Redezeit so lustvoll wie schamlos maßlos überziehen.

Man kann dann sehr schön beobachten, wie das Auditorium, dauernd auf die Armbanduhr schauend, ein schnelles Ende herbeisehnt, wie aggressive Stimmung aufkommt, wie kein Mensch mehr zuhört und jeder bereut, die wertvolle Zeit geopfert zu haben. Veranstaltungen mit Reden haben immer eine positive Absicht und meist einen erfreulichen Sinn. Sie sollen informieren, motivieren, erheitern, anregen und ermutigen. Die Zuhörer sollen nach der Veranstaltung das Gefühl mitnehmen, geistig bereichert zu sein, um motiviert zu neuen Taten zu schreiten. Durch schlechte Redner und zu lange Reden dreht sich die angestrebte positive Wirkung allerdings ins pure Gegenteil.

Soll nun eine meist auch gar nicht so preiswerte Veranstaltung zum Erfolg werden, so dass sie die Erwartungen der Teilnehmer und der Organisatoren voll erfüllt, dann ist dem Veranstalter dringendst zu empfehlen, den oder die geladenen Redner zumindest einmal vorher zu einem ähnlichen Thema erlebt und hoffentlich in bester Erinnerung zu haben. Die Vortragenden müssen sich in ihrem Thema absolut wohl und sicher fühlen, so dass sie nicht nur in der Lage sind, einen vorgefertigten Text runterzubeten, sondern auch durch die Fragen und Bemerkungen fachkundiger, kritischer Zuhörer nicht in Verlegenheit geraten. Die Sprechzeit muss klar begrenzt sein. Nur den besten Rednern gelingt es, länger als eine halbe Stunde spannend zu bleiben. im Übrigen gilt: Was in 30 Minuten nicht klar wird, wird auch in zwei Stunden nicht klarer.

Die Redner müssen vom Veranstalter im Notfall auch unhöflich an die Einhaltung der Vorgabe erinnert werden, weil die schönsten Stimmungen ganz schnell kippen, wenn das Publikum länger als angekündigt mit unnötig vielen Worten zugetextet wird. Vor allem dann, wenn mehrere Redner aufeinander folgen, wird undiszipliniertes Zeitüberziehen fast zum Verbrechen an den Zuhörern. Besonders anfällig für uneingeschränktes Langreden erweisen sich immer wieder Professoren und Politiker. Diese Berufsgruppen leiten gern aus ihrer Profession ab, dass sie zum Reden geboren sind und das Publikum jedes von ihnen gesprochene Wort dankbar aufzunehmen hat. Sie wissen auch, dass jede von ihnen in Anspruch genommene Redezeit den Gegnern ihrer Meinung und den unbedarften Fragestellern die Chancen raubt, sich ebenfalls beim Publikum zu profilieren.

Am gefährlichsten sind freilich die Hobbyrhetoriker. Menschen, die relativ selten die Chance haben, vor Publikum zu sprechen, aber von Natur aus mitteilungssüchtig sind. Sie entwickeln sich zu wahren Mikrophonvertilgern und bringen es fertig, struktur- und inhaltslos stundenlang vor sich hin zu sabbern, ohne zu spüren, wie sie sich als nichtsnutzige Zeitdiebe am Publikum vergehen.

Jedem Veranstalter von Versammlungen, Festen oder Tagungen empfehle ich dringend, größte Sorgfalt bei der Auswahl und Zusammenstellung der Redner sowie der Länge der Reden walten zu lassen. Ein Misslingen wird nie dem schlechten Redner vorgeworfen, sondern immer dem Veranstalter.

6.6 WERT FREIWILLIGER PUBLIKATIONEN WIE DER HAUSZEITSCHRIFT

Es ist die Angst, dass ein Wettbewerber mehr und schneller mitbekommen könnte als er soll, was sich im eigenen Unternehmen so bewegt, und es ist die Scheu, irgend etwas schriftlich zu fixieren und auch noch zu veröffentlichen, was einem später vielleicht negativ ausgelegt werden könnte. Es geht auch um den Respekt vor den vermuteten Aufwendungen.

Natürlich wird niemand so dumm sein, in der eigenen Kundenzeitschrift seine neuesten, sich noch im ungeschützten Entwicklungsprozess befindlichen, streng geheimen Neuprodukt-Ideen vorzustellen, um es seinen Konkurrenten leicht zu machen, noch schneller als man selbst auf dem Markt zu sein. Ich halte viel von Hauspostillen, unabhängig davon, in welcher Form sie erscheinen, ob als Magazin, als E-mail-Newsletter, als Faxbrief oder als interne Website. All diese Publikationsformen dienen in jedem Fall zu besserer und nachhaltiger Kundenbindung, aber auch zur Mitarbeiterbindung. Dabei erfüllen sie so viele gute Zwecke, dass ich mich immer wieder wundere, wie wenig von diesem einfachen, sparsamen und wirksamen Kommunikationsmedium Gebrauch gemacht wird. Hauszeitschriften lassen sich erheblich persönlicher gestalten als jede andere Art der Werbung. Zudem kann man Image- und Produktwerbung hervorragend verbinden.

Neue Mitarbeiter, deren Kompetenzen und der damit verbundene Kundennutzen können vorgestellt werden. Neue Organisationslösungen sind bequem an die Mitarbeiter heranzutragen. Natürlich eignen sich marktreife Produkte zur privilegierten Erstvorstellung, doch es können auch langsamer laufende ältere Produkte durch freundliche Erwähnung revitalisiert werden. Markterfolge und Produkt-Success-Stories eignen sich besonders zur Veröffentlichung. Bei geschickter Handhabung lässt sich über Hauszeitschriften auch ganz erstklassig Marktforschung treiben, wie zum Beispiel die Zufriedenheit der Kunden ermitteln, ihre Meinung über bestimmte Werbekampagnen erheben oder auch über die Qualität des Außendienstes.

Die Hauspostille wird mit diese Grundregeln zur beachteten und gelesenen Information und so zum wichtigen, effizienten Medium:

> ▶ Statten sie Ihr Medium mit vielen, leicht verständlichen Graphiken, Photos, Skizzen und Karikaturen aus und mit nur wenig erklärendem Text. Keiner der ernst zu nehmenden Kunden hat Zeit, lange Abhandlungen zu lesen, ist aber an wichtigen Veränderungen bei seinen Partnern interessiert.
> ▶ Lassen Sie das Medium unbedingt regelmäßig erscheinen, nicht öfter als monatlich, aber zumindest einmal pro Quartal, um nicht inflationär zu wirken, aber auch nicht in Vergessenheit zu geraten. Auf gut gemachte Hauszeitschriften wird in aller Regel sehnsüchtig gewartet.

- Ordnen Sie nach Rubriken wie »Neue Mitarbeiter«, »Neue Produkte«, »Neues aus der Wissenschaft«, »Eine interessante Anwendung«, »Der beste Auftrag«, »Kursentwicklung« usw.
- Haben sie Mut zu Humor. In unserer hoch kommerziellen, technischen Welt gewinnt unheimlich an Sympathie, wem es gelingt, ein Schmunzeln zu erzeugen. Sympathie ist die beste Basis für gute Geschäft.

Gute Hauszeitschriften pflegen in sehr subtiler Weise Kontakte auch mit Menschen, die man selten sieht, die aber trotzdem nützlich sind, wenn sie über das Haus, aus dem die Zeitschrift kommt, Bescheid wissen und es, weil es sympathisch ist, auch mögen.

6.7 WENN UNTERNEHMEN STREITEN

Ob es sich nun um unerfüllte Qualitätsvorstellungen handelt, um verschieden interpretierte Zahlungsmodalitäten, um vermeintliche Verletzungen von Schutzrechten oder um die Missachtung sonstiger Wettbewerbsregeln, es lässt sich trefflich und auf mehreren Niveaus streiten. Wenn der Vernunft widerstrebend keine gütliche außergerichtliche Einigung erreicht werden kann, wird geklagt. Damit starten geldverschlingende, nerven- und zeitraubende Verfahren, an deren Durchführung und Dauer ausschließlich die Anwälte Freude entwickeln. Das vorausschauende Denken bleibt oft im Schlamm der Eitelkeiten der Parteien stecken.

Am Ende eines derartigen, nichts als Ärger und Kosten bereitenden Vorgangs schlägt dann jedes vernünftige Gericht Vergleiche vor, die man auch ohne jeden Aufwand hätte schließen können. Ein zum Vergleich notwendiges Einsehen erfolgt in der Regel ausschließlich unter dem Druck der dringenden Empfehlung zur Annahme durch das Gericht. Nicht selten treiben weniger gut beschäftigte Anwälte auch eigentlich aussichtslose Verfahren aus purem Gebühreninteresse in die nächste Runde.

Ich zählte sehr wohl zu den Menschen, die sich ihr vermeintliches Recht auch gern per Urteil bestätigen ließen, also zu Konzessionen keinen guten Draht haben. Das von mir nun seit vielen Jahren ausgeübte Ehrenamt des Handelsrichters hat mich allerdings gelehrt, emotionsloser und professioneller an die offensichtlich unvermeidbaren Auseinandersetzungen heranzugehen. Einige hierdurch entwickelte Weisheiten gebe ich gerne weiter:

▶ Logischerweise beginnt meine Liste der Empfehlungen mit der Ermutigung zur Verhinderung aller juristischen Auseinandersetzungen, und dies schon deshalb, weil Unternehmensverantwortliche ihre Zeit mit der Verbesserung von Produkten und Leistungen verbringen sollten – und nicht bei Anwälten oder vor Gericht. Es hat sich bewährt, die wahren Interessen der Gegner herauszufinden, um schon weit vor der Klageführung ein sinnvolles und akzeptables Kompromissangebot vorzulegen. Ein solches Ansinnen findet selbst bei Ablehnung durch den Gegner später in einem von ihm nicht vermiedenen Prozess große Beachtung bei Gericht.

▶ Wenn die Klage nicht vermieden werden kann, sollte man sich unbedingt einen in der Sache spezialisierten Anwalt leisten. Billige Universalgenies können auch sicher erscheinende Ansprüche durch mangelnde Erfahrung in der Sache und daraus resultierender schwacher Darstellung verwässern. Clevere Experten holen selbst aus schwierigen Situationen jeden denkbaren Vorteil heraus.

▶ Wenn ein spezialisierter Anwalt gefunden wurde, sollte man ihm vertrauen, aber natürlich nicht nur. Jeder Anwalt steigert die Qualität des Einsatzes für die Interessen seiner Partei, wenn er immer wieder großes Interesse des Mandanten demonstriert bekommt. Dies zeigt sich am deutlichsten im Gerichtssaal. Anwälte, die ohne Begleitung ihrer Mandanten auftreten, wirken in aller Regel bei weitem nicht so konzentriert und so gut vorbereitet, wie solche, bei denen der »Arbeitgeber« daneben sitzt.

▶ Versuchen Sie, Ihre juristischen Auseinandersetzungen vor »Kammern für Handelssachen« auszutragen. Dort sind Sie sicher, dass neben dem juristischen Verstand auch die Erfahrung lauterer, erprobter Kaufleute gebührenden Niederschlag in der Urteilsfindung findet. Übrigens raten gute Anwälte ohnehin dazu, schwierige Fälle vor dieser speziell für die Wirtschaft geschaffenen Gerichtsbarkeit zu entscheiden oder gegebenenfalls vergleichen zu lassen.

6.8 KLEINERE EINHEIT, GRÖSSERE EFFIZIENZ?

Der nahezu in allen Branchen und weltweit tobende Kampf um rentable Aufträge zwingt Unternehmer aller Größenordnungen dazu, alle im Unternehmen versteckte Intelligenz und jedes Gramm verfügbarer Motivation aufzuspüren und zur Stärkung seiner Wettbewerbsfähigkeit zu nutzen. Die Dezentralisierung der Macht, also unternehmerischer Entscheidungsfähigkeit, scheint mir dazu ein gutes Mittel, wenn einige wichtige Voraussetzungen erfüllt werden können. Macht und Verantwortung, die einer Führungskraft durch Delegation von oben zuwachsen, führen wirklich oft zu großartigen Ergebnissen, da sich der seiner Selbstverwirklichung nähere Mitarbeiter endlich ausleben kann und seine guten Gedanken nicht ständig von Bedenkenträgern zerredet werden. Kreativität, Flexibilität, Engagement und Beitragswillen zum Ergebnis steigen bei vielen Menschen, die bisher unternehmerisch tätig sein wollten und nun so die Chance dazu bekommen.

Generell behaupte ich, dass in kleineren dezentralen Einheiten, in denen ungebremstes Denken und verantwortungsvolles Experimentieren gefördert wird, Wettbewerbsfähigeres entsteht als in dirigistischen Großorganisationen. Diese Überlegung und Behauptung ist jedoch zu schön, um ganz und immer wahr zu sein. Erst müssen einige bedeutende Erfolgshemmnisse beseitigt werden, bevor die Verkleinerung der Einheiten Glanz entwickelt.

► Der Verwaltungsaufwand wird zu Beginn sicher größer, da die selbständigen unternehmerischen Leistungseinheiten so abgerechnet werden müssen als ob sie rechtlich und wirtschaftlich unabhängige Unternehmen wären. Die Chefs dieser Einheiten wollen nach ihrer eigenen Leistung bewertet und auch honoriert werden. Gelingt eine saubere betriebswirtschaftliche Abtrennung und damit die Leistungstransparenz nicht, geht die angestrebte Motivation schnell gegen Null.

► Die Unterteilung in Leistungseinheiten und die damit gegebene Leistungstansparenz führt zu gewollten gruppeninternen Vergleichen und zu internem Wettbewerb. Die Motivation, fürs Unternehmensganze zu arbeiten, weicht gern dem synergieschädlichen Personen- und Abteilungsegoismus.

► Jede produkt- und ergebnisverantwortliche Geschäftseinheit bedarf eines Menschen als Chef, der sich selbst als Unternehmer sieht. Er gilt als entscheidungsfähig, also mutig, er versteht seine Aufgaben und hat täglich neue Ideen, wie er »sein« Unternehmen vorwärts bringt. Außerdem kann er seine Mannschaft so lenken, dass alle Beteiligten stolz auf das erzielte Ergebnis sein können. Es stellt sich nur die Frage, wie viele solcher selten anzutreffenden Typen dem Unternehmen zur Besetzung der Führungspositionen dezentraler Einheiten überhaupt zur Verfügung stehen.

Werden diese Negativerscheinungen beseitigt oder gemildert, bin ich einer der größten Anhänger dieser für reife und verantwortungsvolle Menschen idealen Form der Organisationsgestaltung.

6.9 KONFERENZITIS ODER ZU WENIG MITEINANDER REDEN

Ein vernünftiger Mittelweg zwischen der chronischen Überlastung aller Entscheider mit ständigen langweiligen Meetings, Tagungen, Konferenzen und einer verständnis- und leistungsbehindernden Kommunikationsarmut ist leicht zu finden. Natürlich können heute die meisten Fragestellungen des Tagesgeschäfts mit elektronischen Kommunikationsmitteln schnell und gut beantwortet werden. Das heiß, eine Menge ehemals notwendiger persönlicher Zusammentreffen können durch Videokonferenzen oder E-mail-Korrespondenz in befriedigender Eile und Qualität ersetzt werden. Aber dann doch bei weitem nicht alle. Bei umfassenden Prozessen der Entscheidungsfindung lässt sich das persönliche, interdisziplinäre Gespräch durch nichts ersetzen.

Die spontane, kompetente und hautnahe Auseinandersetzung in einer sich gegenseitig stimulierenden Atmosphäre führt regelmäßig zu schnellen und insgesamt effektiven Ergebnissen. Sie führt außerdem zu einem auch heute noch sehr wichtigen Zusammengehörigkeitsgefühl, weil zusammen eine Verbesserung errungen wird, die dann auch leichter zur richtig verstandenen Umsetzung kommt, weil bereits während der Konferenz alle Aspekte gründlich diskutiert, gegeneinander abgewogen und in der Entscheidung berücksichtigt werden konnten.

Ob aus einer Besprechung im Kreise kompetenter Beteiligter optimale Ergebnisse erzielt werden, hängt natürlich von einigen Stilelementen ab, für die der Konferenzleiter, aber ebenso jeder einzelne Teilnehmer, zu sorgen hat. Der Gegenstand der Konferenz muss wichtig genug sein, um die gewollten Teilnehmer nicht ohne besonderen Grund von ihrer Arbeit abzuhalten. Es muss sichergestellt sein, dass die notwendigerweise gewollten Teilnehmer Zeit für die Veranstaltung erübrigen können, so dass keine Stellvertreterveranstaltung daraus wird, in der nur Fragen aufgeworfen, aber nicht beantwortet werden können. Die Einladung mit den zu verhandelnden Fragen und Tagesordnungspunkten muss so früh rausgehen, dass den Teilnehmern eine faire Chance zu einer bestmöglichen Vorbereitung gegeben ist.

Die wichtigste Vorbereitung liegt in der sorgfältigen Auswahl der Teilnehmer. Wer aus Kostengründen auf wichtige Teilnehmer verzichtet, sollte sich nicht wundern, wenn sich der dann geringer erscheinende Aufwand insgesamt nicht lohnt. Konferenzen, denen die wichtigsten Impulse fehlen, sind eine sinnlos verschleuderte Ressource. Der Konferenzinitiator bzw. -leiter muss dafür sorgen, dass sämtliche relevanten Aspekte von den jeweiligen Fachleuten offen beleuchtet werden und möglichst sachlich, aber nicht unbedingt leidenschaftslos vorgetragen werden, so dass von den wichtigen Sachverhalten vor allen Teilnehmern ein möglichst klares Bild entstehen kann. Gute Konferenzergebnisse werden durch das Niveau der gegenseitigen Interessenäußerung bestimmt. Dieses hängt meist von der generell gepflegten Streitkultur bzw. von der Kultur des ganzen Unternehmens ab. Gut geführte, ergebnisstarke Konferenzen sind Ausdruck hohen Niveaus und ausgeprägter Unternehmenskultur. Sie wirken bei den Teilnehmern unglaublich motivierend und tragen schnell zu den angestrebten Verbesserungen bei. Es gibt bislang kein effizienteres Mittel, um das Unternehmen zu optimieren, wenn die vorgeschlagenen Regeln mit Esprit angewandt werden.

7. REGELUNG DER UNTERNEHMERNACHFOLGE

7.1 RECHTZEITIG DIE NACHFOLGE KLÄREN

In all seinem Fleiß und Erfolg entwickelt der Unternehmer eine Art Blindheit für die eigene Vergänglichkeit und prägt manchmal auch eine Empfindung seiner eigenen Unersetzbarkeit aus. Die vielen vor dem Erfolg erbrachten Opfer in finanzieller, zeitlicher und auch familiärer Hinsicht verursachen eine tiefe seelische Bindung des Unternehmers zu seinem Unternehmen. Er liebt sein Werk so sehr, dass er sich ein Leben ohne es schlicht und einfach nicht vorstellen kann. Natürlich dringen ebenso Gefühle durch, die auch jeden Nichtunternehmer plagen, etwa wenn es darum geht, sich mit dem eigenen Abschied aus einer liebgewonnen Position zu beschäftigen. Wer schreibt schon gern an seinem Testament? Wer denkt schon gern über seinen Abschied nach? Der Gedanke an die Aufgabe der errungenen Machtposition, der damit verbundenen Bequemlichkeiten und des sozialen Ansehens erscheint so unpassend, dass sehr viele Unternehmer nicht bereit sind, den unbequemen Gedanken zu denken oder aus ihm passende Konsequenzen zu ziehen.

Besonders hart empfinden Unternehmer den Abschied aus ihrer erarbeiteten Position dann, wenn ihre wichtigste Motivation nur die Machtausübung über Kapital und Menschen war. Außerordentlich schwer fällt es aber auch denen, die es durch ihr zu starkes Engagement versäumt haben, Lust auf andere positive Lebensgestaltungen zu haben, so dass die Angst vor dem »Schwarzen Loch« jeden Gedanken an eine Veränderung unterbindet.

Ein weiterer verständlicher Grund für das Hinausschieben der Einleitung des Nachfolgeprozesses ist die vom Unternehmer erahnte Komplexität des Prozesses, zu dem ihm zwangsläufig Routine und Erfahrung fehlen. Die Kernkompetenz des Unternehmers ist schließlich die verantwortungsvolle Entwicklung des Unternehmens und nicht dessen professionelle Weitergabe. Sicher spielt auch eine maßgebliche Rolle, dass die meisten Unternehmer bei Stammtischgesprächen oder auf Partys von vollkommen misslungenen Fällen erfahren, bei denen Finanzhaie oder andere Wirtschaftsparasiten die ratsuchenden Unternehmer auf schlimme Irrwege geführt haben. Summa summarum muss man einfach verstehen, dass das Thema »Regelung der Unternehmernachfolge« oft aus dem unternehmerischen Alltag ausgeklammert wird, so lange es irgendwie möglich ist. Leider verursacht diese Ignoranz jedoch allseits Schaden.

Mitarbeiter, Kunden, Lieferanten, Banken und natürlich die beteiligten Familien verfolgen mit nur zu verständlichem Interesse die Entwicklung des Unternehmens, mit dem sie geschäftliche Beziehungen pflegen bzw. auf dessen Wohl sie angewiesen sind, denn auch ihr persönliches Leben und ihre Karriere hängen mehr oder weniger intensiv von Erfolg und Misserfolg des Betriebes ab. Sie spüren auch sehr wohl den unmittelbaren Zusammenhang zwischen der Verfassung des Unternehmers und der Leistungsfähigkeit des Unternehmens. Gerade mittelständische Unternehmen werden ja in ihrer Entwicklung sehr stark von der Unternehmerpersönlichkeit geprägt. Ängstlich werden daher vom Umfeld deren persönliche Befindlichkeiten verfolgt, interpretiert und potentielle Folgen für das Unternehmen gründlich diskutiert. Mit folgender Bemerkung wurde wohl jeder Unternehmer schon einmal konfrontiert: »Was geschieht denn, wenn Sie gegen einen Baum fahren?« Die Frage ist jederzeit berechtigt und sollte den verantwortungsvollen Unternehmer auch ernsthaft beschäftigen. Deshalb sollte man die Frage nach der Nachfolge, sofern sie als ungebührlich empfunden wird, zum eigenen Schutz und Nutzen einfach in die nach einem qualifizierten Stellvertreter umformulieren.

Unternehmer klagen leider viel zu oft über die nahezu nicht zu bewältigende Anzahl von Aufgaben, ihre vielen Wochenstunden, den zum x-ten Mal entfallenen Urlaub oder darüber, dass man sich auf niemanden wirklich verlassen könne. Die Ursache liegt meist ausschließlich darin, dass der Unternehmer nie versucht oder geduldet hat, einen nahezu gleichwertigen Mitarbeiter an seiner Seite mit in die Verantwortung zu ziehen, um ihn, den Chef, in seiner Abwesenheit kompetent vertreten zu können. Zu leicht lassen sich Unternehmer vom ersten ernsthaften, aber misslungenen Versuch entmutigen, sich mit hochqualifizierten Menschen zu umgeben, die ihnen die schwierige, komplexe Aufgabe zu meistern helfen. Ein ehrgeiziger, unternehmerisch denkender Stellvertreter bringt hervorragende Voraussetzungen zu einem bestmöglichen Nachfolger mit, wenn er über einen passenden Altersabstand zum Chef verfügt.

Das Umfeld nimmt mit großer Dankbarkeit jeden Hinweis auf, der die Gewissheit vermittelt, dass der Chef für ein geordnetes Weiterbestehen des Unternehmens nach seinem geplanten oder auch ungeplanten Ausscheiden Vorsorge getroffen hat. Die dadurch vermittelte Sicherheit erzeugt auf Seiten wichtiger Geschäftspartner Vertrauen, Loyalität und damit Beständigkeit sowie Zuverlässigkeit in den Beziehungen.

Immer wieder müssen wir selbst mit ansehen, wie starke Unternehmerpersönlichkeiten den richtigen Zeitpunkt zum Abtritt übersahen, wie sie begannen, ihr eigenes, prachtvolles Werk wieder zu zerstören. Sie wollen nicht wahr haben, dass der 45jährige über moderneres Wissen verfügt, körperlich kräftiger und damit belastbarer ist, mehr Risikofreude zeigt und mit dem Zeitgeist besser zurecht kommt als der 75jährige. Die Reaktionen der den uneinsichtigen Unternehmer umgebenden Menschen zeigen sich in jeder denkbaren negativen Vielfalt und tragen massiv zum Ruin des Werkes bei. Mangelnde Motivation, Kündigungen oder subversives Verhalten trifft man nicht zufällig in all jenen Unternehmen an, die keine belastbaren Zukunftsperspektiven besitzen.

7.2 EINBEZIEHUNG VON M&A-BERATERN IM VERKAUFSPROZESS

Der klassische Unternehmer kümmert sich um seine Kunden, seine Mitarbeiter, seine Produkte und Leistungen sowie um die entsprechenden Zahlen. Diese Beschäftigung ist Herausforderung und Aufgabe genug und erfordert bereits überdurchschnittlichen Einsatz und wettbewerbsfähiges Können. Wenn dieser klassische Unternehmer nun daran denkt, sein Werk in andere Hände zu legen, dann hat er sich mit total neuen Umständen, Zusammenhängen und Menschen auseinanderzusetzen. Zugleich darf sein Werk gerade in dieser Zeit durch seine verlagerten Prioritäten nicht an Wert verlieren. Schließlich möchte er doch einen respektablen Gegenwert erzielen.

Ich habe diese aufregenden Prozesse mehrmals durchlebt, zuerst als Käufer kleinerer Unternehmen, später als Verkäufer des von mir geleiteten und teilweise besessenen Unternehmens, und ich erlebe diese Prozesse heute in meiner Tätigkeit als »Advisor« von Unternehmern.

Meine Erfahrungen sagen mir ganz eindeutig, dass der abgebende Unternehmer ausgesprochen gut beraten ist, wenn er sich in dieser nie geübten, zeitfressenden Disziplin des professionellen Unternehmensverkaufs von starken Fachleuten beraten bzw. unterstützen lässt. Die Vielfalt der zu beachtenden steuerlichen, gesellschaftsrechtlichen, psychologischen, betriebswirtschaftlichen und organisatorischen Details kann nicht so einfach neben dem Tagesgeschäft erledigt werden, ohne dass dieses leidet.

Ein erstes Problem stellt die Erlangung eines einigermaßen objektiven Wertbildes des eigenen Unternehmens dar. Die meisten Unternehmer überschätzen den Wert ihres Betriebes, weil sie all die hineingesteckte Zeit, die vielen eingebrachten Ideen und die Liebe zum Produkt mit aktivieren. M&A-Berater können in dieser Phase bereits Großes leisten, weil sie die Werte mit neutraleren

Augen sehen und sie – was mir noch viel wichtiger erscheint - mit dafür geschärften Augen auch sehen, mit welchen Mitteln der Wert des Unternehmens noch vor dem Eintritt in Verkaufsverhandlungen zu steigern ist.

Auch bei der Definition und Auswahl der potentiellen Erwerber leisten qualifizierte M&A-Berater hervorragende Dienste. Der Unternehmer kennt meist nur den direkten Wettbewerb als in Frage kommende Käufer. Der professionelle M&A-Berater aber kennt den Weltmarkt der Interessenten und findet daher in der Regel zahlungsfreudigere, besser zum Unternehmen passende Käufer.

Bei der Verhandlungsführung mit den Interessenten erweist es ich als klug, wenn der Unternehmer nicht selbst an den Gesprächen teilnimmt, sondern zumindest zu Beginn den Berater für sich verhandeln lässt. Zum einen neigen Unternehmer zu emotionalen Ausbrüchen, die hinsichtlich einer schnellen und erfreulichen Abschlussgestaltung eher kontraproduktiv wirken, zum anderen beanspruchen diese Gespräche unheimlich viel Zeit, die Unternehmer besser ins Tagesgeschäft investierten. Außerdem kann der Unternehmer den Berater Ideen und Konditionen vorbringen lassen, die er selbst nicht äußern will und muss sich zudem nicht spontan auf Vorschläge der Gegenseite einlassen, sondern verschafft sich Bedenkzeit.

Wichtige Dienste leisten M&A-Berater bei der rationellen Gestaltung des »Datarooms«. Ein gut organisierter »DR« erleichtert den mit der »Due Diligence« beauftragten Fachleuten die Arbeit erheblich. Dies zeitigt unglaublich positive Folgen, denn der ganze, immer viel zu lange dauernde Verkaufsprozess wird verkürzt und es müssen nicht so viele Fragen persönlich beantwortet werden.

Wenn ich ein makelloses Loblied auf die Nutzung der Kompetenz der M&A-Berater singe, dann deshalb, weil ich zu viele Vorgänge gesehen habe, die laienhaft abgewickelt wurden und sich damit zur Enttäuschung aller Beteiligten entwickelt haben.

Gleichwohl treffe ich immer wieder auf Unternehmer, denen die Honorare (meist Retainer für die Begleitung und Provision beim Abschluss) unangemessen vorkommen und daher vor der Inanspruchnahme zurückschrecken. Mein Rat lässt sich so spezifizieren, dass der Laie gerade hier sehr viel mehr Schaden anrichtet als der Profi an Kosten verursacht. Anders gesagt: Nicht die Kosten sind das Entscheidende, sondern der durch die Beiziehung professionellen Rats erzielte Mehrwert für das Unternehmen.

Wie in allen Branchen und menschlichen Gruppierungen finden sich unter M&A-Beratern natürlich auch solche, die ihr Geld wirklich nicht wert sind. Wie stets im Leben ist es also die Kunst, unter der Vielzahl der Anbieter die richtigen Partner für diesen aufregenden und für den Unternehmer meist einmaligen Vorgang zu finden. Die wichtigsten Merkmale eines wirklich vertrauenswürdigen Beraters sind meines Erachtens

- die solide Branchenkenntnis
- langjährige M&A-Erfahrung
- überprüfbare Referenzen, die intensiv nachgefragt werden sollten
- die persönliche Sympathie, denn man hat schließlich im teilweise monatelangen Verkaufsprozess unglaublich diffizile Einzelheiten miteinander zu besprechen.

Worauf bei der folgenreichen Entscheidung für einen M&A-Berater zusätzlich großer Wert gelegt werden muss, ist die Sicherstellung, dass der Anbieter kein Einmannbetrieb ist, sondern eine flexible, kompetente Infrastruktur besitzt, die Leistungen der Hauptakteure im Prozess unterstützen kann. Außerdem sollte der entsprechende Ansprechpartner unbedingt eine gleichwertige Vertretung besitzen, die den Vorgang in Zeiten ungeplanter Abwesenheit jederzeit verantwortlich übernehmen kann. Im Übrigen ist jeder Unternehmer gut beraten, wenn er nicht auf den Charme des Repräsentanten eines M&A-Büros hereinfällt, sondern sich das gesamte Team gründlich ansieht.

7.3 AUSWAHLKRITERIEN FÜR EINEN NACHFOLGER

Der Nachfolger sollte ein leibhaftiger Unternehmer sein. Es existieren einige Anforderungen an diese Spezies Mensch, die für die Bewältigung der vielfältigen Herausforderungen maßgebend sind. Im Prinzip hat er ein Universalgenie zu sein, denn sein Umfeld erwartet genau das von ihm. Er soll der beste Kaufmann, ein brillanter Techniker und Organisator sowie ein überdurchschnittlicher Psychologe sein. Jede der hier aufgeführten Eigenschaften dient Nachfolgern bei der Erreichung unternehmerischer Ziele:

- Ehrgeiz
- Selbstbewusstsein
- Selbstvertrauen
- Konzeptionelles Denken
- Kreativität
- Visionsfähigkeit
- Durchsetzungsvermögen
- Fähigkeit zur Selbstkritik
- Fähigkeit, zuhören zu können
- Neugier
- Wissensdurst
- Einfühlungsvermögen
- Verantwortungsbewusstsein
- Organisationsfähigkeit
- Risikobereitschaft
- Entsprechende Markt- und Produktkenntnis
- Sehr ausgeprägte Menschenkenntnis

Natürlich träumt jeder Unternehmer davon, dermaßen vollkommen ausgestattete Kandidaten zur Auswahl zu haben, wenn er seinen Nachfolger bestimmt. Kaum jemand wird zwar sein Idealbild finden, aber jeder kann sich um eine größtmögliche Übereinstimmung der Eigenschaften bemühen. Während die angeführten Merkmale abgeprüft werden können, um ein objektiveres Bild der Bewerber zu erhalten, sollten folgende Stärken und Handlungsweisen bei künftigen Unternehmern unbedingt verinnerlicht sein:

► Er muss so sehr an die Geschäftsidee glauben, dass er für deren Realisierung finanzielle, zeitliche und familiäre Opfer zu bringen bereit ist.

► Er muss bereit sein, seine eigenen Schwächen zu erkennen, um sie durch die Stärken seiner Mitarbeiter, Lieferanten oder gegebenenfalls Berater zu kompensieren.

Er braucht die Fähigkeit, geeignete Mitarbeiter, Lieferanten und Berater zu finden, die ihn bei der Umsetzung seiner Ideen uneingeschränkt unterstützen.

7.4 EIN LEBEN NACH DEM RÜCKZUG AUS DEM UNTERNEHMEN

Der komplette Rückzug aus allen Belangen, die man als unternehmerisch bezeichnen könnte, ist selten. Die meisten Unternehmer bleiben irgendwo und irgendwie unternehmerisch tätig. Unternehmertum ist eher eine Lebensform und weniger ein Beruf.

Doch wohin mit der verbliebenen Kraft, mit der Kreativität, mit der Lust am Regieren, mit der Chance der direkten Beeinflussbarkeit allen Geschehens im eigenen Reich? Diese verständlichen Fragen sind schwer zu beantworten, wenn sich der Unternehmer stets ausschließlich auf diesen einzigen Lebensbereich, auf seinen Betrieb fokussiert hatte. Doch jeder vernünftige Mensch hat irgendwann gelernt, dass die körperliche wie auch die geistige Leistungsfähigkeit mit zunehmendem Alter nachlässt und dass es dann gut ist, sich an anderen Dingen zu erfreuen, die nicht die volle Kraft der Jugend erfordern.

Der reduzierte Kraftaufwand und die reduzierte Verantwortung lassen sich in neuen Umfeldern menschlich leichter praktizieren als im eigenen Unternehmen, weil die Erwartungen ganz andere sind. So erweist es sich beispielsweise als sehr viel befriedigender, in Aufsichts- oder Beiräten anderer Unternehmen zu wirken als in dem selbst an oberster Stelle geführten. Rat in referneren Gefilden wurde schon immer mehr gewürdigt als im eigenen Beritt.

Unternehmerische Leben sind aufregend, abenteuerlich, geistig herausfordernd und können, wenn sie leicht lesbar gestaltet sind, zum Vorbild für viele Ratsuchende werden. Es verbraucht also nicht nur die nun im Überfluss vorhandene Zeit, wenn sich der Ex-Unternehmer bemüht, sein Leben, seine Entscheidungen, seine menschlichen Erlebnisse, seine Enttäuschungen und seine freudigen Momente niederzuschreiben und sie einer kleineren oder größeren Öffentlichkeit zugänglich zu machen.

Auch die Mitarbeit an wissenschaftlichen Projekten bietet vollkommen neue geistige Herausforderungen und dient zudem der Praxisorientierung der Wissenschaft. Darüber hinaus kann für Ex-Unternehmer auch die Zusammenarbeit mit Studenten sehr anregend und positiv sein.

Vorträge über wirtschaftliche oder technische Themen zu halten, erfrischt nicht nur den Geist der Zuhörer, sondern vor allem auch den des Referenten, weil er sich ja gebührend und besser als in Zeiten des kraftraubenden Alltagsgeschäfts auf die Inhalte vorbereiten kann. Zudem ist und bleibt jede Vortragsvorbereitung ein lebendiger Akt der Weiterbildung.

Daneben wird die Mitarbeit von Ex-Unternehmern in Vorständen von Verbänden, Vereinen oder sozialen und kulturellen Organisationen hoch geschätzt, da sich hier ein gewaltiges Maß von Organisations- und Führungserfahrung einbringen lässt.

Eines aber ist sicher: Das Leben nach dem aktiven Unternehmerdasein verliert keinesfalls an Farbigkeit und Spannung, wenn man es unternehmerisch angeht und sich nicht selbst in seinen neuen Rollen negiert. Es wird sogar ein genussvolleres Leben, weil die Verantwortung für das Tagesgeschäft, die Pflicht zur ständigen Überdurchschnittlichkeit, der Zwang zur Erfüllung teilweise irrationaler Erwartungen seiner menschlichen Umwelt weitgehend entfällt und sich statt dessen neue Zeitfenster für »die schönen Dingen im Leben« öffnen.

NOTIZEN

NOTIZEN

NOTIZEN

NOTIZEN

NOTIZEN

NOTIZEN

NOTIZEN

NOTIZEN

NOTIZEN